现代经济发展与就业创业研究

张　艳　刘永恒　王　暖◎著

中国华侨出版社

·北京·

图书在版编目（CIP）数据

现代经济发展与就业创业研究 / 张艳，刘永恒，王
暖著. -- 北京：中国华侨出版社，2024.9. -- ISBN
978-7-5113-9277-0

Ⅰ. F061. 3；C913. 2

中国国家版本馆 CIP 数据核字第 20247CM515 号

现代经济发展与就业创业研究

著　　者：张 艳　刘永恒　王 暖

责任编辑：陈佳懿

封面设计：徐晓薇

开　　本：710mm×1000mm　1/16 开　印张：14　字数：205 千字

印　　刷：北京四海锦诚印刷技术有限公司

版　　次：2025 年 3 月第 1 版

印　　次：2025 年 3 月第 1 次印刷

书　　号：ISBN 978-7-5113-9277-0

定　　价：68.00 元

中国华侨出版社　北京市朝阳区西坝河东里 77 号楼底商 5 号　邮编：100028

发行部：(010) 88893001　　　　传　真：(010) 62707370

如果发现印装质量问题，影响阅读，请与印刷厂联系调换。

前　言

随着全球化的深入和科技的飞速发展，现代经济已经呈现出前所未有的活力和复杂性。在这个快速发展的时代，理解现代经济发展的本质、规律及其对就业和创业的影响显得尤为重要。本书正是基于这样的背景，试图为读者提供一个全新的视角。

本书深刻剖析现代经济发展的内在逻辑与规律，强调就业与创业在其中的核心作用。首先，解析工业化、城市化的演进路径及我国经济现代化的特色模式。其次，详述就业在现代经济中的支撑作用，以及如何通过有效的就业规划来推动经济的增长。在求职与创业方面，本书提供从心理准备、信息收集到面试技巧的全面指导，帮助求职者与创业者提升竞争力。同时，本书还深入探讨创业风险的识别与防范，为创业者提供宝贵的策略建议。此外，本书紧跟时代步伐，分析知识经济、网络经济和数字经济等新兴业态给就业和创业所带来的深远影响，揭示其带来的新的机遇与挑战。

整体而言，本书是一部集前瞻性、实用性于一体的现代经济发展指南，对于理解现代经济、把握就业与创业趋势具有重要的参考价值。本书在书写过程中参阅了一些学者的相关资料，在此表示最诚挚的谢意！由于作者的水平有限，书中难免存在疏漏或不妥之处，恳请各位专家、同行及广大读者给予批评和指正。

作　者

2024 年 6 月

目　录

第一章　现代经济发展的本质及规律

从全球经济的宏大视角审视人类社会经济的发展，能够获得对经济发展更为全面和深入的认识。站在全球经济市场的角度，纵观人类历史的演进，我们不难发现，近代以来，人类社会经济的发展历程本质上就是工业化、城市化不断深化的过程。特别是自 20 世纪七八十年代起，技术的飞速发展极大地加速了现代化进程，使人类社会的进步进一步聚焦于工业化、城市化和现代化的协同发展。当前，中国和一些发展中国家正处于这三者叠加发展的高峰阶段，它们正在积极推进工业化、城市化和现代化的深度融合。在这一背景下，各种政治制度、经济制度、经济体制及其经济机制，实际上都是在这一过程中为实现发展目标而采取的不同方式和手段。若认同这一观点，现代发展经济学的研究目标便尤为清晰：它旨在揭示，在工业化、城市化和现代化的进程中，生产要素、经济要素以及经济结构在不同历史时期、不同发展阶段、不同制度环境下的作用机制及其对经济增长和经济发展的影响与规律。

一、经济增长与经济发展

为了有助于深刻了解现代社会经济发展的本质，先要了解经济增长与经济发展这两个基本概念。

（一）经济增长

按照通常的理解，经济增长通常是指在一个较长的时间跨度上，一个国家人均产出（或人均收入）水平的持续增加。较早的文献中是指一个国家或地区在一定时期内的总产出与前期相比实现的增长。总产出通常用国内生产总值（GDP）

来衡量。对一国经济增长速度的度量，通常用经济增长率来表示。由于 GDP 中包含了产品或服务的价格因素，所以在计算 GDP 时，可以分为用现价计算的 GDP 和用不变价格计算的 GDP。用现价计算的 GDP 可以反映一个国家或地区的经济发展规模，用不变价计算的 GDP 可以用来计算经济增长的速度。

经济增长是经济学家常用的概念，一般地探讨，经济增长的含义是指，在一定时间内，一个经济体系生产内部成员生活所需要商品与劳务潜在生产力之扩大（亦即生产可能曲线向外扩张）。生产力的成长主要决定于一个国家自然资源禀赋、资本数量累积与质量提升、人力资本累积、技术水准提升以及制度环境改善。因此，经济增长决定生产力诸多因素的扩展与改善。

（二）经济发展

一个国家从贫困落后的状态中崛起，迈向经济繁荣和社会生活现代化的历程，通常称为经济发展。这一过程不仅体现在国民经济规模的显著扩张，更核心的是在于经济和社会生活质量的全面提升。它不仅局限于物质层面的增长，还涵盖了社会与经济制度的革新、文化的繁荣与进步，同时又是一个长期、持续且不断进化的过程。

在当代经济语境下，发展的内涵显得尤为丰富和复杂。它常常与发达、工业化、现代化以及增长等概念相互交织。一般而言，经济发展包含三个层面的含义：首先，经济量的增长，指的是一个国家或地区产品和劳务的总量增加，它为经济发展提供了坚实的物质保障；其次，经济结构的改进和优化，这包括技术结构、产业结构、收入分配结构、消费结构以及人口结构等多方面的调整和完善；最后，经济质量的改善和提升，这体现在经济效益的提高、经济稳定性的增强、卫生健康条件的改善、自然环境的保护和生态平衡，以及政治、文化和人的全面现代化进程。

（三）经济增长与经济发展的区别

经济增长和经济发展这两个概念有无区别，经济学家有不同的看法。有的把这两个概念并列起来，有的认为这是"互相替代使用的两个名词"。传统理论认为，经济发展意味着国家财富和劳务生产增加，以及人均国民生产总值提高。20世纪 60 年代后，这种观点受到了若干国家现实的挑战，一些国家人均国民生产总值迅速增长，但其社会政治和经济结构并未得到相应的改善，贫困和收入分配不公平现象十分严重。因此，经济学家把经济发展同经济增长区别开。从现有人类社会的实践来看，经济增长与经济发展作为范畴的区分是十分必要的。

经济增长是生产力发展的重要衡量标准，它不仅是 GDP 数值的单一增长，还涵盖了经济增长速度和经济增长质量的双重提升。从产出的视角分析，经济增长表现为社会产品数量的增加以及质量的提升，这两者共同构成了经济增长速度的核心。具体而言，当产品质量保持不变而数量增加时，称为经济数量的绝对增长；反之，当产品数量稳定而质量得到提高时，称为经济数量的相对增长。从投入的角度来看，经济增长的标志在于资源消耗的相对减少，这实际上反映了经济增长的质量和经济效益。当社会财富产出总量保持不变而资源消耗总量下降，或者社会财富总量显著增加而资源消耗总量增长相对较少时，都意味着经济增长质量的提升或经济效益的提高。将投入与产出相结合进行综合考察，经济增长的本质在于以最小的资源消耗生产出最多的社会财富，这是经济增长的确切含义。

了解了什么是经济增长之后，就会发现经济增长与经济发展具有明显的差别，主要表现在本质、指向和内容三个方面。

经济增长理论是西方经济学理论体系的重要内容之一。在西方经济学理论体系中，没有把经济增长与经济发展区分开。经济发展的特殊本质是"人本位"，以社会经济主体共同全面发展为目的。经济增长的特殊本质是"物本位"，以社会财富增长为目的。经济发展和经济增长是在不同的经济理论体系基础上确立的经济范畴。

西方经济学理论体系建立在人与自然和谐统一的基础上，其核心是"财富论"。该经济理论体系强调所有生产要素，包括劳动、土地和资本，都具有共同的创造财富的属性，并且被视为无差别的财富源泉；鉴于财富的增长源自这些生产要素的贡献，财富的分配自然应基于它们对社会财富增长的贡献程度；同时，衡量经济增长的标准也主要依赖于社会财富增长的价值量或实物量指标。

经济发展是一个更为宽泛的概念，它涵盖了整个国民经济的演进过程。相比之下，经济增长仅关注社会财富生产的增长，其涵盖范围相对较小。因此，经济发展与经济增长之间存在整体与部分的关系，经济发展包含了经济增长，而经济增长则是经济发展的重要组成部分。

经济增长作为生产力发展的总量目标，不包括经济结构优化的目标，不包括经济利益关系协调的目标，不包括社会消费水平的发展目标和分配格局的调整目标，因此解释不了经济结构失衡的问题。产业结构、区域结构、城乡结构、内外结构等方面的经济结构目标，属于经济发展的重要内容。经济发展的内容，不但包括物质产品生产与消费的增长，而且包括精神产品生产与消费的增长；不但包括经济数量的增长，也包括经济效益的提高；不但包括经济总量的增长，而且包括经济结构的优化；不但包括社会财富生产的增长，而且包括社会财富分配的合理化以及消费水平的提高；不但包括经济效益和生态效益的提高，而且包括社会效益的提高。

二、现代社会经济发展的本质所在

经济发展是在经济增长基础上，一个国家经济与社会结构现代化的演进过程。考察人类社会发展的过程，可以发现，近代人类社会发展最显著的标志就是工业化和城市化的发展，这两个方面的发展推动着人类社会发展的进程。由于20世纪六七十年代以来，技术得到了飞速发展，加快了各行各业的现代化水平，因此可以说，人类现代社会经济的发展其实质就是工业化和城市化、现代化的过程。接下来的三节，将深入探讨这三者如何共同塑造今天的社会经济面貌。

第二节　工业化进程及其规律分析

近代西方社会的发展极大地推动了人类文明的进步，其中，工业化无疑是最为关键的驱动力。工业化是一个历史性的转变，标志着从农业经济向工业经济的跨越。无论是何种政治制度、经济制度，世界各国在追求经济发展的道路上，工业化都是一条必经之路。然而，在不同的社会制度和体制下，以及在工业化的不同阶段，各国可能会选择不同的发展道路和模式。尽管如此，工业化进程中仍然存在一些普遍或共有的规律。

一、工业增长与贸易增长

近代资本主义发展起源于 16 世纪初，有 250 年的积累期。18 世纪晚期是英国产业革命的发轫期，欧洲大陆国家的产业革命多在 19 世纪进行并取得成功。英国产业革命始于 18 世纪下半叶，美国、德国、法国的产业革命始于 19 世纪初叶或上半叶，日本的产业革命则始自 19 世纪 60 年代的明治维新，是后起的工业化国家。美国于 1956 年走完工业化过程，到 20 世纪 70 年代，英、法、德、意、日完成工业化过程。

根据现有的有关世界工农业生产和国际贸易的历史统计资料，工业化进程可以划分为：产业革命初期（1820 年以前）、产业革命完成和自由竞争资本主义鼎盛时期（1820—1869）、垄断资本主义形成时期（1870—1912）、战后国家垄断资本主义时期这样四个阶段。

从增长率变动的角度分析，各个时期世界工业生产增长率与世界贸易增长率二者的比例关系之变动情况如表 1-1 所示。[①]

表 1-1　世界工业生产增长率与世界贸易增长率的关系

年份	年数	世界工业生产 A(%)	世界贸易 B(%)	B/A
1720—1819	100	2.05	1.24	0.60
1820—1869	50	3.10	4.39	1.42
1870—1912	43	3.95	3.50	0.89
1913—1949	35	2.93	−0.14	−0.05
1948—1970	23	5.60	7.27	1.30

对表 1-1 进行分析，可得出如下几点结论：第一，1820 年以后即自由竞争资本主义制度确立以后的 100 年间，世界工业生产年增长率在 3%～4% 的范围内徘徊。在第二次世界大战以前，以垄断资本主义经济形成时期的 1870—1912 年

---

① 赵海均. 现代发展经济学［M］. 北京：中国经济出版社，2013：27.

间为最高。第二，在第二次世界大战后的西方经济高速增长时期（1948—1970年），西方经济中的工业生产年增长率超过战前最好历史时期的平均增长率。

在西方的主要国家中，英国无疑是产业革命的引领者。从18世纪下半叶到19世纪的多数时期，英国都在全球工业生产中占据核心地位，其影响力无与伦比。长久以来，英国被誉为"世界工厂"，其工业实力在全球范围内具有显著的领导地位。然而，历史的进程总是充满变化。19世纪后半叶，美国开始逐渐崭露头角，与英国在工业领域展开了激烈的竞争。尽管美国的工业生产能力已经与英国不相上下，但英国在世界贸易中的主导地位仍然十分稳固。然而，这一平衡在1948年被打破，美国最终取代了英国在全球贸易中的领导地位，这标志着资本主义世界经济格局的一个重大转折点。

到了1890年，美国的工业实力得到了进一步巩固，而英国的工业地位则开始动摇。这一显著的变化不仅意味着英国"世界工厂"的地位开始被挑战，更预示着资本主义世界经济格局从英吉利时代逐步向美利坚时代过渡。这一转变不仅影响了全球的经济格局，也深刻改变了世界历史的走向。

德国的崛起是19世纪末至20世纪初世界经济格局中的一个显著现象。在1870年前后，德国开始崭露头角，逐渐在工业生产上超越了法国，稳固了自己的地位。到了1913年，德国的工业实力进一步壮大，甚至超越了当时的工业强国英国，成为世界工业生产的重要领导者。

与此同时，法国的地位逐渐下滑。在19世纪初，法国曾是世界工业生产的重要力量，仅次于英国位居第二。然而，随着其他国家特别是美国和德国的崛起，法国的地位逐渐受到挑战。在1860年前后，法国被美国超过，随后在1870年又被德国超越，最终降到了世界第四位。

俄国（苏联）在世界工业生产中的地位显著上升，是全球经济格局变动中的一个重要现象。20世纪初，俄国相较于英国、德国和法国等工业强国，一直处于相对落后的位置。然而，随着时间的推移，苏联的工业生产迅速崛起。到了1913年，苏联的工业生产已经与法国达到了相当的水平。

进入20世纪30年代，苏联的工业生产更是实现了飞跃。在1930年前后，苏联的工业生产超过了法国，并在随后的几年里继续稳步上升。到了1937年，苏联的工业生产已经超过了德国，跃居世界第二位。与此同时，苏联与美国的工业生产差距也在迅速缩小。20 世纪初，苏联的工业生产与美国相比还有很大的差距，但到了 20 世纪 30 年代，这种差距明显缩小。尽管第二次世界大战对苏联的工业生产造成了一定的影响，但苏联依然保持强劲的增长势头。到了 1950 年，苏联的工业生产已经占据了世界的重要地位。苏联的工业生产与美国之间的差距进一步缩小，展现了苏联在全球经济中的强大实力。这一变化不仅体现了苏联工业的崛起，也反映了全球经济格局的深刻变动。

自 1850 年起，西方经济格局中的显著变化便是美国力量的迅速崛起。在此之前，美国在全球工业生产中的地位相对较为边缘，落后于英国、法国和德国等老牌工业强国。然而，随着时代的发展，美国的工业实力开始呈现出惊人的增长。到了 1850 年，美国的工业生产实现了质的飞跃，与德国并列成为世界工业生产的重要力量。在接下来的几年里，美国的工业发展势头越发强劲。1860 年，美国成功超越了法国，进一步巩固了其在全球工业生产中的地位。到了 1870 年，美国的工业实力更是达到了巅峰。它超越了德国，跃居世界第二，仅次于当时的工业霸主英国。这一趋势在 1880 年达到高潮，美国的生产力终于与英国持平。而在短短 20 年后的 1900 年，美国便成功超越英国，坐上了全球工业生产的第一把交椅。自此以后，这一格局便一直延续至今。

二、工业化时期人口增长与产业变动

西方工业化时期，确切地说，是指从 1780 年英国产业革命启动，直至 20 世纪 20 年代的这一历史阶段。1780 年，英国率先开启了这场影响深远的产业革命，引领了全球工业化的浪潮。然而，在 20 世纪 20 年代至 40 年代，世界经济遭受了空前的危机和战争的摧残，社会经济遭受了严重的损害和破坏，这一时期的发展步伐明显放缓。但值得注意的是，战争也在某种程度上推动了科技的进步。军工生产的迅速发展为技术进步提供了强大的动力，而战后科技更是得到了迅猛的发展，为当今科技的繁荣奠定了坚实的基础。

1780 年前后，西方国家的产业革命在英国兴起，19 世纪上半叶波及法国、美国、比利时等国，19 世纪晚叶蔓延到德国、意大利、俄国和日本等国。后起的工业化国家在工业化方面有三个特点：一是面临英法等先进工业国强有力的竞争；二是有先进工业国的先进技术工艺可资利用；三是国家的作用越来越大。

工业化对西方国家产生了深远影响。随着工业化的推进，工业生产量和国民生产总值急剧增长，人口也迅速增加，尽管增速低于生产增长，但人均收入仍持续上升。在这一过程中，农业人口经历了大规模的迁徙，从乡村涌入城市，寻找新的就业机会和生活方式。这一转变导致了农业人口比重的大幅下降，从工业化前的主体力量逐渐转变为少数群体。同时，国际经济交流急剧扩大，社会政治文化面貌也迅速改变。此外，社会保障逐渐从家庭转向社会，而多种后工业社会的问题也开始浮现，这标志着工业化革命从初级阶段向更高阶段的过渡。

在工业化进程中，人口增长与农村人口过剩及城市化现象相伴而生。工业化初期，农业发展滞后于农村人口增长。19世纪上半叶，欧洲农村人口过剩，而城市成为吸纳这些过剩人口的主要场所。这一时期，城市死亡率高于出生率，导致劳动力短缺，为农村人口进城提供了机会。19世纪，欧洲城市迅速发展，城市人口比例迅速攀升。到1851年，英国城市人口已超越农村人口。同时，农业机械化程度日益提高，农业生产率增长速度超过了农产品消费的增长，导致农业对人力资源的需求不断下降，农业在国民经济中的比重也随之降低。这些因素共同构成了城乡人口变动的经济背景。

随着农村人口的城市化，工业和第三产业部门不断兴起。就业人口从第一产业部门向第二产业和第三产业部门转移，从而出现产业结构和就业结构的变化。

美国的崛起是世界的奇迹，研究经济发展，必然要了解美国工业化的过程和成就。殖民地时代和19世纪初，美国仍然是一个典型的农业国。当时的非农产业基本是面向当地市场的小手工业和家庭制造业，如制鞋、织布等。一般认为，美国的工业化是从1807年的"禁运"或1812—1814年的英美战争结束后才开始的。1807年，为避免卷入欧洲战争而颁布的《禁运令》，一方面，使美国的进出口贸易受到重创；另一方面，也刺激了国内制造业的发展。1816年，美英战争结束后，为了抵制英国商品的倾销，保护本国工业，美国政府颁布了《关税法》，据此连续3年对棉纺织品征收了25%的关税。结果使轻工业特别是棉纺织工业获得了较快发展。

与英国相类似，美国的工业革命也起始于棉纺织工业的繁荣。19 世纪 30 年代至 70 年代，美国制造业迅猛崛起。罗斯托在其研究中指出，美国经济经历了两次显著的"起飞"阶段：第一次是在 1815 年至 1850 年，以新英格兰地区棉纺织业的蓬勃发展为代表；第二次则是在 1843 年至 1870 年，被称为"北方工业起飞"，这一时期以铁路建设和重工业的显著发展为标志。

到了 1860 年，美国已跃升为世界第二大制造业国家，仅次于英国。而到了 1880 年，美国的工业产值更是超越了英国和德国，正式成为世界第一工业强国。这一地位在 1894 年得到了进一步巩固，当时美国的工业产值已相当于整个欧洲工业产值的一半。

1890 年，美国的工业在工农业总产值中的占比高达 80%，而重工业的产值与轻工业相当。通常认为，美国的工业化进程在 1890 年至 1920 年完成。从 1816 年算起，美国的工业化历程大约持续了 100 年的时间。

美国的工业化起步虽然晚于英国和法国，但其发展速度却相当迅速，很快就实现了对英法两国的赶超。其特点可纳为以下几点。

重工业发展迅速：美国的工业化进程在初期虽然也是从轻工业开始，但在南北战争之后，重工业的发展速度显著超过了轻工业。特别是在 1880 年至 1914 年，美国重工业产值增加了 5 倍，而轻工业只增加了 3 倍。这一特点使得美国在工业化进程中能够迅速提升国家实力。

科技创新与广泛应用：美国在工业化过程中积极采用新技术和新设备，尤其是在第二次工业革命中，通过大量的科技创新，推动了工业的快速发展。这种创新精神使美国能够在短时间内迎头赶上并超越一些老牌工业化国家。

优先发展关键产业和基础设施：美国在工业化过程中优先发展了铁路运输等关键产业和基础设施，为工业的快速发展提供了有力保障。地方政府也给予了铁路公司各种特权和优惠政策，以支持这一关键行业的发展。

广阔的市场和资源：美国拥有广阔的土地和丰富的资源，这为其工业化提供了有力的物质基础。同时，其自由开放的市场环境和创新的商业模式也极大地促进了工业的发展。

随着工业化的推进，资本和劳动力等要素市场逐步发达起来；国外移民增多；跨区域贸易发达；国内市场大增；技术引进和利用外资速度加快；进出口贸易发展迅速。

历时百年的美国工业化，造就了世界上最发达、最强大的国家和"美国奇迹"。美国工业化具有各产业协调发展、劳动生产率高、产业聚集、要素市场发达、国内市场大等特点，这些特点对中国以及其他国家推进新型工业化，以及协调推进工业化、城市化和农业现代化（或农业产业化）、实现二元结构转型和解决"三农"问题，都具有重要的借鉴作用。

三、工业化时期需求的变动

工业化过程是一个双重需求驱动的过程，它同时受到工业内部需求和市场外部需求的推动。工业发展不仅为社会提供各类产品，其内部也需要大量的机器设备、厂房建设、动力系统等。此外，工业化发展还需要大量土地、需要运输设备等，同时需要大量的人力资源。

在工业化时期，社会需求在总量和结构上均呈现出空前的增长态势，这种增长受到多种因素的影响，包括地理位置、自然条件、社会风尚等。然而，其中最为关键的因素包括生产技术的持续进步、人口的城市化进程、市场的不断拓展、政府的政策导向以及国民收入水平和分配的变化。

（一）生产增长和技术进步

人类社会经济发展的历史充分表明，需求的增长是推动生产扩大的关键动力。只有当产品的价格达到工农阶层可承受的范围，这些需求才能转化为有效的市场需求，进而刺激生产量的增加。在工业化进程中，现代工业、现代农业和现代运输业的崛起，不仅带来了产品数量和种类的快速增长，还显著降低了生产成本和产品价格。特别值得注意的是，耐用消费品工业的蓬勃发展，为市场提供了大量的缝纫机、自行车等商品，甚至汽车和冰箱等高端消费品也开始逐渐普及。现代农业的进步则使得谷物和肉类的生产在一定程度上突破了土地报酬递减的限制，实现了更高效、更可持续的生产方式。此外，国内外贸易的繁荣也为商品价格的降低起到了重要作用。

（二）人口增长与人口城市化

工业化时期欧洲人口的增长从两个方面影响需求：一是人口数量的增长直接扩大了需求；二是农村人口城市化改变了消费的模式，从而改变了需求的模式。与农村居民需求相比，城市居民的需求有两个特点：一是自给自足的实物需求变成货币支付需求；二是需求更趋于多样化，如对公共设施公共卫生和文化教育的需求大大增加。这两大特点既标志着人们需求质的提高，也标志着需求量的增大。

（三）市场体系和市场机构的发展和改进

市场的进步体现在多个方面，包括国内市场乃至国际市场的统一形成，民族国家的统一构建，以及市场销售机构的多样化发展，如批发市场和零售贸易机构（如百货商店、合作商店、联号商店、廉价商店等）的涌现。全国性报纸和刊物上的商品广告成为推动市场发展的重要力量，而通信工具的革新则进一步提高了市场信息的传播效率。此外，货币工资逐渐取代实物工资，也标志着市场交易的现代化和规范化，所有这些变革均直接或间接地推动了市场的繁荣与发展。

（四）政府行为对消费需求的刺激作用

在工业化时期，政府对消费需求的影响主要通过直接和间接两种方式展现。直接影响主要体现在社团消费的增长上，特别是军费和政府行政费用的增加。随着工业化和城市化的深入推进，政府在行政管理、公共设施建设、公共卫生、文化教育以及社会保障等方面的支出持续增长，从而直接影响了消费需求的增长。而间接影响则主要体现在政府的法令和政策上。例如，政府通过设立消费的等级限制、对消费品的管理限制（如撤除关卡）、税收减免（包括关税减免）以及直接税和间接税的设置和完善等措施，来间接影响消费需求。虽然其中某些政策（如税收的增加）可能会对消费增长产生一定的抑制作用，但总体而言，政府的这些法令和政策措施对消费需求主要还是起到了促进作用。

（五）收入水平及收入分配的影响

工业化时期，西方国家的国民收入增长的幅度大大超过工业化以前的时代。例如，英国的实际国民收入在 19 世纪增加了 3 倍。但是，收入分配极不平等，贫富悬殊。国民收入的迅速增长对需求增长起到了促进作用，而国民收入分配的不平等则对需求增长起到了抑制作用。

四、工业化时期需求的结构变化

人类的需求有两种：一是基本需求；二是其他需求。基本需求是人的生理性需求，或生存需求，其基本要素是食、衣、住最基本的需求。基本需求以外的需求是指对交通、医疗、教育、娱乐及其他奢侈品的需求。西方的统计资料表明，对工人阶层来说，工业化使需求结构有所改进，但以食物为主的基本需求格局并未根本改变。

（一）食物和衣着需求

在 18 世纪末的英国产业革命初期，农业工人的家庭支出主要集中在食物上，占据大部分比重，其次是衣物和房租、燃料。到了 19 世纪中叶，比利时工人家庭的支出结构发生了变化，食物支出虽然仍是主体，但比重有所下降，衣物和住房（包括取暖、照明）的支出比重上升。到了 20 世纪初，英国、德国、法国和比利时四国的工人家庭支出中，食物支出所占的比重因家庭收入的不同而有所差异，整体而言，相较于过去，食物支出的比重有所下降，显示出工人家庭生活的质量有了一定的提升和支出结构的多样化。

在工业化时期，虽然西方国家家庭总支出中食物支出的比重并未出现大幅度下降，但食物结构却有了显著的改善。以 1900—1913 年的英国为例，人们对于食物的消费习惯发生了显著变化。加工食物如面包在食物总支出中的比重相对较小，而肉类、禽蛋和奶制品成为更受欢迎的食品，占据了显著地位。这一时期的欧洲，马铃薯的引入和普及极大地改变了主食结构，成为许多家庭餐桌上的重要一员。尽管如此，蔬菜和水果在食物结构中的比重仍然相对较低，这反映了当时食物消费的某种偏好和局限。西方经济史学者指出，尽管工业化时期西方国家的普通民众，特别是工人阶层的食物状况有所改进，但改善的幅度并不大。总体而言，人们的营养状况仍然较差。尽管在饮食方面有了一些改进，但第一次世界大战前夜的欧洲状况仍然远不能令人满意。例如，在英国城镇中，穷人的饮食缺乏促进骨骼生长的营养成分，这导致 19 世纪穷人牙齿健康状况的下降和体格瘦弱。布尔战争期间的征兵情况也揭示了整个国家范围内应征新兵近一半因牙齿问题、心脏病、视力或听力问题以及发育畸形等健康问题而无法被征召入伍。

衣服支出占家庭预算的 10%～15%。工业化时期西方国家在衣着上的一个最大特色是棉织品价格低廉，取代了麻织品、丝织品和毛织品。无论在上层还是在下层社会中，棉布服装都相当流行。上层社会的服装，一方面趋于实用化，特别是男子服装变得朴素端庄；另一方面是时装化，特别是女性服装。下层社会的城市工人和贫苦农民对衣服的需求仍然很低。在 1913—1914 年，英国工人家庭的衣着费用平均每人每周不超过 1 先令。农民的衣物全部是自己编织，工人也自制一大部分衣物。军队、铁路、海关、警察、教会、医院、学校的制服在工业化时期已经相当普遍，需求日益增大。

（二）住房需求

住房，作为人类不可或缺的基本需求，在工业化时期展现出了显著的社会阶层差异。上层社会的王公贵族和地主豪绅享受着宫殿城堡、庄园别墅的奢华生活，而与之形成鲜明对比的是，下层民众的居住条件极其恶劣。在农村，许多农民被迫居住在拥挤且原始的破旧房屋中，生活品质低下。到了工业化后期，即 1870—1914 年，富裕农民的住房条件有所改进，以两层楼的新式农宅和独立牲口棚圈为代表，但贫苦农民的居住状况依然未得到显著改善。西方城市在工业化时期则面临着严重的房屋短缺问题，工人们只能居住在条件恶劣、烟雾弥漫、噪声刺耳的简易住宅中。随着工业化的进一步发展，新的工业中心涌现，为了吸引和留住工人，厂方开始负责为工人建造住宅，并制定了相应的住房标准。这些工厂住宅区不仅提供了分等级的住宅（如高层职员、中层职员、工程师、工人等），还配备了商店和娱乐设施，使工人的生活更加便利。此外，其他行业如农场、铁路、税务、学校、教堂、军队等也开始提供廉价住房，以缓解住房紧张的问题。然而，这种住房与工作紧密相连的模式也意味着，一旦失去了工作，工人也将失去住所。

中产阶级（工业家、商人、专业人员、官僚）住房条件大为改善。房地产投机有所发展，其经营对象是下层中产阶级和普通人民的住宅。哄抬房租和房价在19世纪也蔚然成风。以英国为例，从1801年到1901年，房租在总收入中的占比逐渐增加，反映了城市化进程中住房成本的上升。特别是对于收入较低的家庭来说，房租所占的比例更为显著。到了19世纪晚叶，德国各大城市的低收入者普遍面临高昂的房租负担，有时高达总收入的近1/3。面对这一挑战，市场力量显得力不从心，无法有效解决城市贫民的住房问题。因此，一些慈善机构和地方政府开始尝试建造廉价公寓，旨在改善居民的居住条件并减少贫民窟的存在。然而，这些努力并未取得显著成效。在长达近1/4的世纪里，英国地方当局只能够满足新增工人住宅需求的1/5。到20世纪初叶，城市中的公共交通有所发展，郊区有所扩大，房屋的自来水和卫生设备有所改进。但时至第一次世界大战的前夜，英国的住房仍高度短缺，贫民窟比比皆是。1911年，人口调查统计表明，英国有1/10的居民住房拥挤不堪。

（三）社会需求

社会需求除了上述食、衣、住基本需求，还包括其他的需求。总体来说，工业化时期形成的社会总需求包括消费需求和投资需求两大部分。大宗消费需求是食、衣、住三种需求，其他需求多为对劳务的需求，如对家庭仆役、医疗、教育、法律、体育、娱乐、旅游等方面的需求，投资需求是为兴办一二三产业所需的资金和物资。一般而言，这类劳务需求和投资需求与下层百姓关系不大，主要涉及上层富有者。其中对公用设施建造的需求往往构成政府需求。

西方经济史家的研究揭示了工业化时期（1780—1914年）西方国家生活水平和社会需求的重要变化特点。

首先，从18世纪末到20世纪初，西欧国家工人的实际工资实现了一倍的增长，这标志着饥荒的威胁基本被消除，人们的饮食、衣着和居住条件均有所提升。西方经济史学家评价道，在第一次世界大战前的这段时期，人类生活中罕见地出现了物质舒适和生活富裕的景象。

其次，农民的境况相比之下变化不大，尤其在不发达地区，农民的生活几乎与工业化前没有区别。以 1907—1908 年的俄国农民为例，他们的饮食以卷心菜、黑面包、马铃薯、肥肉和少量牛奶为主，衣物多为自制，鞋子则是用树皮制作。同时，许多产业工人的居住环境也堪忧，充斥着肮脏、恶臭和嘈杂。

再次，工人和农民的劳动强度在工业化时期显著增加。尽管他们的物质生活有了一定改善，但机械化并未如预期那样减轻他们的负担，反而前所未有地提高了他们的劳动强度。这意味着他们的愉快与苦恼是并存的。

最后，在 19 世纪与 20 世纪之交，通货膨胀悄然兴起，物价上涨的速度远超过工资的增长，这导致劳动群众的实际生活水平急剧下降。

（四）其他需求

西方经济史学家研究表明，在工业化时期，对于很多人来说，在支付了食物、住房、取暖和照明的开支以后，则所剩无几。大多数人能购买一些陶器餐具，几个烹调用的罐和锅，极少的几件家具——一张床、一张桌子，也许还有一两把椅子。对于大多数欧洲人来说，每天的需要已经耗尽了他们的财力，而且往往超过了自己的财力。但是，对于数量虽少而又日益增多的人来说，还有一些富余的钱。社会等级越高的人，就会在教育和医疗上付出更多的费用，并且从事某些娱乐活动。

五、工业革命与科学技术进步

（一）人类历史上的两次技术大革命

西方经济史学家将人类历史划分为两个重要的技术革命阶段。首次技术革命可追溯至公元前 8000 年，直至公元前 2500 年方告一段落。在这长达 5500 年的历史长河中，人类在农业领域创造了包括灌溉在内的完整耕作体系；在工业领域，纺织、制陶、冶炼、面包和啤酒酿造等技术相继诞生；在交通领域，人类掌握了帆船和车辆的制造技术，并学会利用牛马进行农耕和运输。随着生产分工和劳动组织的日益完善，人类能够建立起诸如矿山开采和金属冶炼的大规模产业，甚至能够建造如金字塔般宏伟的建筑物。然而，自公元前 2500 年起，技术进入了长达 4000 年的停滞期，其间仅有炼铁术（公元 1400 年前后）、畜力驱动装置、水轮机以及少数机械装置如齿轮、螺丝和凸轮的进步。

第二次技术革命始于中世纪初期，即公元 6 世纪，并持续至今。在能源领域，水力得到了广泛应用，并推动了各种机械装置的进步。12 世纪，风车的发明使得风力成为机械动力的新来源。在交通领域，马具技术的显著进步，如近代挽具和蹄铁的发明，使马匹成为运输、农业和工业的关键动力。水运技术的进步体现在船尾柱舵和风帆索具的完善，使帆船制造技术更加成熟。此外，罗盘和运河船闸的发明也极大地推动了水运的发展。在工业领域，手纺车和脚踏织布机的发明推动了纺织业的发展；水力在冶炼业中的应用，以及金属丝拉制技术和铸铁技术的创新，给金属工业带来了革命性的变化。机械业方面，机械钟的发明以及曲柄、连杆、传动带等装置及其连接技术的创新，进一步推动了机械制造技术的进步。同时，印刷术的发明也为人类文明的传播提供了重要手段。

（二）产业革命的两个阶段

产业革命乃是上述第二次技术革命的延续和发展。在公元 1800 年以前的产业革命初期，技术发展的主要内容是继承中世纪技术发展之成果，并加以完善，达到其发展的极致。例如，水力是这一时期的主要动力资源，水陆交通主要得力于中世纪的船舶技术、马具技术和船闸技术，使棉纺织工业成为产业革命的主导部门的近代纺织机和动力织机的发明，不过是中世纪纺车和织机的完善和发展。产业革命早期具有独创性的技术成果主要是熟铁制造技术、蒸汽动力、铁路建造技术及铁路经营管理。这些独立的发明创造中的绝大多数起源于发明者在机械工程方面的经验和技能，而不是直接来源于科学研究的成果。无论是对中世纪技术成就的完善和发展，还是出于能工巧匠的经验积累，产业革命早期的技术革新成就的难度并不很大。就技术的可能性而言，这些成就在中世纪也是可以完成的。其之所以迟至产业革命时期才出现，并且在社会经济生活中产生巨大的效应，完全是社会经济制度因素在起作用。在中世纪，与生产完全脱离的封建主只知向农民榨取土地生产物，不懂得也没有兴趣去搞技术创新；而直接从事生产的农民又缺乏技术创新的积极性。在资本主义制度下，特别是在自由竞争资本主义制度下，资本家作为企业家直接参与工商活动，其利益，其生存和发展，均与技术创新息息相关，既有进行技术创新的动力，又拥有这方面的经验和知识，从而构成产业革命初期技术革命的社会经济基础。

在产业革命的第二阶段，科学研究发挥了决定性的角色。以 18 世纪为例，科学在技术创新中的显著作用可以通过漂白剂的发明、制碱工业的发展以及蒸汽机的改良来阐述。漂白作为棉纺织工业的关键环节之一，其原始方法仅依赖于阳光曝晒。然而，随着医学化学家的介入，漂白过程经历了从最初的稀释硫酸处理法到最终由化学家发明的氧气溶液漂白法的转变，这一转变彻底解决了漂白问题。硫酸的制造和氧气的发现与生产，都是当时顶尖化学家应用最新科学成果所取得的成果。

18 世纪，即工业化初期，科学成果在多个领域中都实现了技术革新。除化学成果在制陶、制玻璃、造纸业和制碱业中的应用外，地质科学也为探矿业提供了重要的支持。此外，物理学中的真空理论和气压理论在蒸汽机的改进中发挥了关键作用。碱作为当时化学工业的核心材料，其技术创新和发展离不开那些最负盛名的化学家的参与和贡献。

西方经济史学家认为，在产业革命早期（18 世纪和 19 世纪初），科学的作用还非常有限，它只用来解决工业发展过程中出现的某些迫切问题，并没有对工业发展起导向作用。产业革命的后期即 19 世纪晚叶和 20 世纪初叶，科学在工业技术进步中起了革命性的作用。最突出的事例是冶金业、电气工业和有机化学工业。19 世纪，钢铁工业的建立依存于转炉工艺、交替平炉炼钢法和托马斯炼钢法，这三大发明都是建立在科学成果的基础之上，其中托马斯炼钢法运用化学方法解决了高含磷铁矿石的脱磷问题，使钢铁工业能够利用储量丰富的高含磷矿石，从而摆脱了对稀缺的无磷矿石的依赖，对促进钢铁工业的大发展起到了决定性作用。电解铝是电化学产业化的成果。电力工业的建立，电灯、电报、电动机的发明是电学运用的灿烂成果，而德国人在染料制造等有机合成化学工业的卓越成就和长达几十年的垄断地位，更是德国人重视科学和重视科研人才的培养在有机化学这一领域中结出的硕果。德国人后来居上，在这个领域中赶超英国，并且将原来技术领先的英国远远抛在后面，由此可知，科学对后发展国家经济发展的重要意义。

（三）二次工业革命

工业革命，也被称为产业革命，起源于英格兰中部地区。它标志着资本主义生产从工场手工业向机器大工业的转型，是资本主义工业化的初步阶段。工业革命的核心特征是机器取代了人力，大规模工厂化生产取代了个体工场的手工生产，这不仅是生产方式的变革，更是一场科技与生产的革命。18世纪中叶，随着英国人瓦特对蒸汽机的改进，一系列技术革命推动了手工劳动向动力机器生产的根本性转变。这一变革随后从英国扩散至整个欧洲，并在19世纪传至北美地区。由于机器的发明和应用成为这一时代的显著标志，历史学家将这一时期称为"机器时代"。

（四）科技革命（第三次工业革命）

实际上，第二次世界大战以后，第三次科技革命兴起，其主要标志是：以原子能技术、航天技术、电子计算机的应用为代表，还包括人工合成材料、分子生物学和遗传工程等高新技术。第三次科技革命是人类文明史上继蒸汽技术革命和电力技术革命之后科技领域里的又一次重大飞跃。这次科技革命不仅极大地推动了人类社会经济、政治、文化领域的变革，而且也影响了人类的生活方式和思维方式，使人类社会生活和人的现代化向更高境界发展，科技革命促进了人类需求的多元化。

六、工业化与银行业的发展

在现代资本主义经济体系中，银行业的发展占据了至关重要的地位。到第一次世界大战前夕，垄断资本主义经济已稳固地占据了主导地位，其实质在于银行垄断与工业垄断的深度融合，即金融垄断寡头在国民经济中占据统治地位。对此，西方经济史学家普遍认可，到第一次世界大战前夕，银行界与工业界之间的利益交错重叠，经济结构已发生深刻变化。一个崭新的金融世界已然诞生，它既是工业家的舞台，也是银行家的疆场，金融与技术共同构成了社会经济发展的两大支柱。

根据西方经济史学家的研究资料，资本主义世界的产业革命和工业化进程，实际上是银行界与工业界相互渗透、深度融合的过程。他们认为，银行资本与工业资本的融合主要受到三个因素的影响：金融市场上的资金需求和供给的规模，银行业的机构形态和组织方式，以及工业和银行的相互需求。在这三者中，资金供求的规模无疑是决定性的因素。资本主义工业化的历史证明，当金融资金的需求和供给规模较小时，银行中介机构也较为原始，银行家和工业家之间缺乏信任，经济交流有限。然而，随着金融资金需求与供给规模的不断扩大，银行中介机构也日趋现代化，银行家和工业家之间的关系也日益紧密，利益逐渐融为一体，这一过程相当漫长。

这一漫长的过程从18世纪初叶到20世纪初叶，历时近200年，可分为两个阶段，而以19世纪晚叶即70年代前后为分界线。在19世纪70年代以前的阶段，相当于自由竞争资本主义经济时期，其特点是工业家的资金来源以独立融资特别是以自我积累为主，向银行求贷属特殊情况。银行家也以经营有价证券特别是以政府债券、对外贸易和国际汇兑业务为主，很少向工业投资。

自19世纪70年代起，随着垄断资本主义的崛起，工业企业与银行之间的关系日益紧密，相互交融，最终融合成金融资本。这种融合主要通过两大途径实现：一是工业企业主动涉足银行业，通过自设银行、兼并银行或购买银行股权来增强金融实力；二是银行反向涉足工业领域，通过兼并工业企业或购买其股权来拓展业务版图。这一过程中，银行家和工业企业家共同掌控着银行或工业企业的董事会，形成了统一的组织形式。工业资本与银行资本的深度融合，催生了垄断金融资本，这是20世纪初西方资本主义经济领域最显著的变革之一，这一变革标志着现代资本主义时代的到来。

七、第三产业的发展和服务业革命

西方国家工业化时期的重要经济现象之一是第三产业的迅速发展。什么是第三产业？西方经济学界见仁见智，定义不尽相同。其中最简明的定义是把第三产业定义为国民经济中除去农业（称为基础产业）和工业（又称第二产业）以外的所有产业。还有一种观点，认为第三产业即服务业有三个基本特征：产品具有无形性、生产单位多为劳动密集型小企业、从业人员带有较强的专业性，且以女性、个体经营者和兼职人员为主。西方学者对第三产业内部行业的分类也不尽一致。例如，一种比较通用的分类法是将第三产业分为：交通、通信；商业、金融、保险；科学、教育、文化、卫生；政府和防务；狭义的服务行业（饮食、旅游、修理等）。又如，有的分类法将第三产业分为：社会服务业，即交通、通信和公用事业（教育、公安、国防司法）、社会福利卫生事业；商业服务，即商业、金融、保险等；个体服务，即家务、手工个体服务，个体专业服务者如律师、医师等；社团服务，如宗教、职业团体；文化娱乐。

服务业的发展历史深远而复杂。在产业革命之前，西方经济中已经孕育了服务业的雏形，这包括小规模的商业、政府机构、专业服务提供者，以及相当规模的家庭服务业。当时的专业服务提供者主要集中在宗教、法律和医疗等领域。随着产业革命的启动，服务业与工业并驾齐驱，同步发展。其增长可划分为两大主要类型：首先，是生产性服务业，这些服务业为生产活动提供必要的支持，如交通运输、教育和商业服务，它们通常被视为生产过程中的重要中间环节，因此也称为中间服务业。其次，是消费性服务业，这类服务主要满足人们的文化娱乐需求。消费性服务业的发展与经济增长和人们实际收入的提高密切相关，且当收入增加时，人们对这类服务的需求增长往往快于对商品的需求。

在20世纪初叶以前的近200年内，西方经济实际上发生了三次经济革命，一是18世纪初和以后进行的农业革命；二是18世纪、19世纪进行的产业革命；三是19世纪与20世纪之交发生的服务业革命。前两者的内容是国民经济从农业占支配地位发展到工业占支配地位，同时服务业也在快速发展。第三次革命的内容是农业的地位进一步下降，工业增长速度放慢，而服务业则大幅度增长。

从长远来看，第三产业的发展展现出两大显著特征：首先，其生产率的增长速度普遍低于第二产业，这一趋势在某种程度上可能导致国民经济增长率的放缓。其次，第三产业在吸纳劳动力方面表现出强大的能力，并且这种吸纳能力相对稳定，从而对西方国家的就业结构产生了显著影响，使其逐渐倾向于第三产业，并在一定程度上对就业率起到了稳定作用。

●●● 第三节 城市化进程及其规律分析

城市化，即人类社会从乡村生活模式向城市生活模式的转变，是一个历史性的演变过程，这一进程涵盖了乡村人口向城市人口的迁移，以及城市自身持续的发展和完善。同时，城市化还体现在城镇用地的不断扩展，以及城市文化、生活方式和价值观在农村地区的广泛传播。工业化，作为推动社会进步的重要动力，其产生的需求是多方面的，包括工业自身的需求以及满足市场需求的需要。这种需求推动了工业的发展，进而促进了经济增长和社会进步。通常，城市化的发展会稍晚于工业化，但当工业化达到一定程度并加速发展时，它又会反过来推动和带动城市化的进程。在现代社会经济发展中，城市化阶段被视为一个国家社会发展和经济增长的关键转折期。

一、城市化伴随工业化

早在原始社会向奴隶社会转变时期城市就已经出现。但是，在相当长的历史时期中，城市的发展和城市人口的增加极其缓慢。直到 1800 年，全世界的城市人口只占总人口的 3%。随着产业革命的兴起，机器大工业和社会化大生产的出现，开始涌现出许多新兴的工业城市和商业城市，城市人口比例迅速增长。

国际上的城市化进程呈现出两种不同的典型模式。一种是以欧盟为代表的紧凑型城市化模式，这种模式在有限的城市空间内实现了高密度的产业和人口聚集，从而节约了城市建设的用地，提高了土地的使用效率。另一种则是以美国为代表的松散型城市化模式，这种模式下的人口密度相对较低，但交通能源消耗相较于紧凑型模式要高得多。

城市化实质上是一场深刻的社会经济结构变革。加快城市化进程并不意味着要无限制地扩大城市规模，其根本目的在于让全体国民都能享受到现代社会城市化所带来的各种成果，并实现生活方式、生活观念以及文化教育素质的全面转变。这要求实现城乡空间的融合发展，包括产业、就业、环境、文化、社会保障以及制度等多方面的融合，以期实现城市与农村人口的共同富裕、共同发展、共同进步。

城市化对于拉动和促进消费具有显著作用，这已经成为一个公认的事实。城市化进程的一个重要表象就是人口的迁移和流动，这种流动必然带来对居住的需求以及与之相关的各种需求，进而对城市房价产生较大的影响和变化。

二、英国城市化的历史进程

工业革命使英国成为最早进行城市化的国家。影响英国城市化的因素主要有以下四个方面。

（1）农业革命。英国的农业革命有两个显著特点：一是完成了圈地运动；二是实现了农业商品化。圈地运动的重要意义在于摧毁了农村中的小生产传统。英国大规模城市化始于18世纪中叶的工业革命，在此之前，英国进行了长达2~3个世纪的农业革命、商业革命。英国与欧洲其他国家不同的是农牧业生产很早就卷入了国内外市场，农产品商品化程度的提高促使农业迅速发展起来。到19世纪，英国的农业劳动生产率在欧洲居首位。农业现代化水平的提高和大农场的建立，使英国能以较少的农业人口养活日益增多的城市人口，农业生产技术的改进和农产品产量的提高，不仅为英国的工业革命打下了基础，还为城市化启动积累了资金，从而为城市化的顺利进行奠定了必要的物质基础。

（2）英国的商业革命。英国商业革命的后果是产生了商业资本家，这些人专门从事贩运商贸、奴隶贩卖、海上掠夺、海外开矿等。16—18世纪，是英国商业资本家取得支配权的时代。随着殖民地的扩大，英国对外贸易在18世纪增加了6倍，伦敦成了世界贸易中心。正是这种贸易的往来，带来了人口向城市的大规模迁移和流动，这成为英国城市化的重要因素之一。

（3）英国的工业革命。工业革命深刻地改变了产业结构，带来了城市就业机会的激增，从而吸引了大量农村人口流向城镇和工矿区，进而引发了就业人口分布的显著变化。在这一时期，工厂如雨后春笋般涌现。工厂的广泛建立不仅极大地扩大了生产规模，而且强有力地推动了英国的城市化进程。工业革命使城市的地位和作用得到了显著的提升。城市集中了市场、金融机构、公共设施和文化教育机构，这为获取原料、劳动力提供了便利，产品能够就地销售，商业信息流通迅速。此外，相关企业的集中有利于生产的协作和专业化，进一步降低了生产成本，提高了生产效率，并便于资金的融通。工业革命还推动了许多小城镇迅速崛起为大城市。以英国的棉纺织部门为例，该部门率先引入了机器生产，这不仅扩大了生产规模，还促使小城镇不断扩张，最终发展成大都市。此外，工业革命也带来了英国人口再生产的根本性变革。医疗条件的改善和人民生活水平的提升导致了人口的迅速增长，这为城市的进一步发展和劳动力供给提供了源源不断的动力。

工业革命改变了英国的产业结构，推动了城市体系的形成。工业革命前英国以农业为主；工业革命后，第二、第三产业的比重迅速增加。越来越多的劳动力从第一产业转移出来，到城市从事第二、第三产业，这样城市就逐渐具备了充足的能源、必要的生产资料、产品销售市场和基础的服务设施等，这些生产要素的集中所产生的聚集效应又极大地推动了英国的城市化进程。

（4）交通运输业革命。工业革命带动了以运河、汽船、公路和铁路为主要标志的"运输革命"。在铁路建设方面，英国国会仅1836年就批准建设了25条总里程约1600千米的新铁路，到1855年其铁路总里程已经达到12960千米，内陆铁路运输网逐步形成。自1761年开凿了从沃斯利到曼彻斯特的第一条运河以后，到1842年，英国已修建了3960千米的人工运河，曼彻斯特、伯明翰成了著名的运河枢纽。交通运输业的发达极大地加强了英国城乡之间的经济联系，使处于这些交通枢纽的地区迅速成为集商贸、工业和服务业于一体的城市或城镇。

"从全国范围来看，到19世纪50年代，英国的城市化已经基本实现，到1861年，英国的城市化率为62.3%。此后在1921年英国的城市化率已为77.2%，到1998年激增到89%，而此时世界的平均城市化水平仅为46%。"①

深入考察法国和日本的城市化进程，不难发现，尽管英、法、日的城市化各

---

① 以上所有数据均来自赵海均. 现代发展经济学 [M]. 北京：中国经济出版社，2013：17-57.

具特色，在实现机制上也有所不同，但它们仍然存在一些共同的特点。首先，农业是城市化进程的基石，它为城市化提供了最初的推动力。其次，工业作为城市化的引擎，是驱动城市化进程的关键因素。第三产业的崛起则进一步加速了城市化的步伐。最后，制度变迁为城市化进程提供了必要的助推力。具体来说，农业的发展为城市化奠定了坚实的基础，提供了原始动力，而城市化则是工业化发展的必然结果，工业化不仅为城市化提供了必要条件，还是其主要的驱动因素。工业化不仅是城市化的经济本质，更是其空间表现。第三产业的蓬勃发展，特别是服务业的崛起，成为城市化加速的原动力。在特定的地理空间内，第二、第三产业生产区位和消费区位的形成与聚集，以及产业间的聚集效应和关联效应，共同产生了乘数效应，推动了资源的聚集和城市的发展，进而加速了城市化进程。

从制度经济学的角度看，制度因素对于经济增长具有至关重要的作用。土地、资本、劳动力等要素在有效的制度安排下才能充分发挥其功能。同样，城市化作为社会经济增长和经济结构变迁的产物，也与制度安排和制度变迁密切相关。如果缺乏有效率的制度或提供不利于生产要素聚集的制度安排，将会阻碍要素的流动、产业结构的升级、规模效应和聚集效应的有效发挥，进而妨碍城市吸引和扩散效应的实现，阻碍城市化进程的正常进行。

三、美国的城市化进程

美国独立后不久，首先在东北部开始了工业革命，经济首先发展于此。之后随着西部开发，推进经济向西部发展。接下来便是推进南部经济增长，与经济分区推进相对应的是，美国城市化也由东北部向中西部扩展，呈现出由东向西推进趋势。

美国城市化的进程可分以下几个阶段。

第一阶段：在19世纪20—30年代之前，美国城市化处于起步阶段，其进展相当缓慢。这一时期的城市化主要围绕沿岸地区发展，特别是东北部地区，由于工业革命的推动，该地区经济繁荣，从而成为城市化起步的热点。

第二阶段：自19世纪20—30年代至第一次世界大战爆发前，美国城市化进程显著加速，城市网络迅速向西扩展。在这一阶段，基于工业化的发展，一批经济中心相继崛起，成为高度城市化的地区。这一时期，城市化与中西部的开发、农业的发展以及交通运输的改善紧密相连。中西部城市的兴起，直接反映了美国工业化向更广泛地域的推进。西部开发的一个显著特点是，它并未遵循传统的农业到工业再到城市的模式，而是直接以城市为先导，带动西部全面开发。19 世纪后叶，交通运输的改进使西部地区的经济价值大幅提升，吸引了大量移民前往，为西部开发提供了充足的劳动力。

第三阶段：进入 20 世纪初的二三十年代，特别是到了 70 年代，西部和南部的城市化速度显著超过了东北部。在这一时期，大批新的城市中心迅速崛起。到 1920 年，东北部地区的城市化率已达到 75.7%，进入高度城市化阶段，但其后的城市化进程开始放缓。相比之下，西部和南部地区则一直保持着旺盛的增长势头。

工业发展、经济增长推动了城市化发展。随着城市化的发展，服务业成为增加就业的主要渠道。巨大的产业规模和人口规模的大城市成为批发零售、商业地产、教育医疗及文化娱乐服务等服务业吸纳新增劳动力的基础，导致人口从小城市向大城市转移，但是大城市的发展会导致就业人口郊区化。

四、世界发达国家城市化的历史演进

城市的核心是"市"，城市化的核心是"市场化"。

城市化的定义通常分为狭义和广义两种理解。狭义上，城市化主要指农业人口逐渐转变为非农业人口的过程。而从广义的视角看，城市化涵盖了更为广泛的社会经济变迁，包括农业人口的非农业化、城市人口规模的持续扩大、城市用地向郊区的拓展、城市数量的增加，以及城市社会、经济、技术变革向乡村地区的渗透。

技术进步极大地推动了工业和工业化的发展，而工业化的加速又进一步增强了城市化的动力。工业化是城市化的重要驱动力，同时，城市化也为工业化提供了必要的条件和支撑。因此，在城市化进程中，必须充分考虑到工业化对城市化的支撑作用，同时也要关注工业化对城市化的具体要求和配套需求。城市化的关键在于实现城乡社会经济的统筹发展，打破城乡二元经济结构，特别是要改善

"三农"问题的弱势地位。然而，值得注意的是，城市化的过程绝不应以牺牲农民利益，特别是土地权益为代价。

通过研究世界城市化进程，特别是发达国家的经验，可以发现一些共同的特征：全球城市化水平持续提升；特大城市（人口超过百万）的数量不断增加；特大城市人口占城镇总人口的比重日益上升；超大城市（人口超过400万）的数量也在持续增长。

研究表明，纵观世界城市化历程，呈现出两个基本规律：①城市化率沿着S形曲线变动：城市人口超过30%，城市化进入加速期。城市化进程明显加快，直到城市人口超过70%。②城市化进程分为四个阶段：农村进入城市、小城市进入大城市、大城市城区迁入大城市郊区和大都市圈形成。

日、韩等国的城市化过程进一步表明，城市化在50%左右之前，城市人口主要从农村迁入城市；在50%~70%时，人口由小城市向大城市转移，大城市优先发展。城市人口约70%时，城市化进入郊区化阶段，城市郊区人口增长较快，大城市周边出现大量的卫星城，形成庞大的都市圈。

在城市化进程中，由于农村人口迁入城市和小城市人口向大城市转移，必将产生大量的居住需求，从而导致土地价格和房价的上涨。

五、西方社会的逆城市化

随着新兴产业的涌现，人口不断向城市会聚，促使城市人口持续增长，从而推动了城市化的进程。然而，城市的聚集效应并非无限增长，当它达到一个特定的最优规模临界点时，城市人口的增长趋势将逐渐放缓，并开始呈现下降趋势。在此之前，城市的人口和规模将持续扩大。

城市化的发展过程可划分为几个阶段。在早期阶段，小城市迅速崛起，成为城市化进程的初期特征。随着城市化的深入，中期阶段主要表现为大城市的优先发展，此时第三产业的比重不断上升，城市的聚集效应日益显著，吸引了更多小城市的人口向大城市转移。进入城市化中后期，由于大城市人口激增，交通拥堵、生活成本和居住成本大幅上涨，城市人口开始逐渐向生活成本较低的郊区转移。这一时期，逆城市化现象逐渐显现，郊区开始快速发展。随着郊区人口的增加，消费、就业等基础设施不断完善，最终促成了大都市圈的形成。

逆城市化的概念最初由美国城市规划师贝利在 1976 年提出。它并非指城市人口返回农村，也不是指城市文明和生活方式在农村的复制，而是指城市中心区的人口向郊区流动，以及大城市人口向卫星城市迁移的现象。这种转变实际上是从人口集中在城市中心区的集中型城市化，转变为人口向郊区和卫星城市迁移的分散型城市化。

逆城市化已经成为整个西方社会十分普遍的现象，它是城市化发展到一定阶段的必然结果，是城市出现过度饱和后城市文明和城市生活方式的扩散。它的一个明显的特点是城市特别是大城市人口的减少，大城市人口占全国人口的比重开始下降。逆城市化在西欧和美国表现得比较突出。如今，在一些北欧和南欧国家，这一现象仍在进行中。

逆城市化和上面讨论的郊区化是同时进行的。由于郊区的开发，居民、产业、服务向郊区的移植，结果就导致了城市中心区在一定程度上的衰落，表现为逆城市化的现象。发达国家所谓的"逆城市化"并不是真正意义上的"反城市化"，而恰恰是城市化深化的表现，可以说，逆城市化是西方社会城市化发展的新阶段，是更高层次的城市化。城市中心变得"空洞化"，原有的经济结构老化、商业衰退等问题并未得到解决。目前，这些西方国家在调整产业结构、发展高新产业和第三产业的同时，也着手积极开发城市中心衰落区，吸引人口回城市居住，出现了所谓的"再城市化"现象。

随着逆城市化和郊区化的现象日益显著，传统大城市的地理边界正不断向外扩展。城市居民、城市产业和城市生活模式正逐步向城市周边地区延伸，使大城市在经济发展中的辐射作用越发显著，进一步巩固了其在现代社会中的核心地位。例如，西方的纽约、洛杉矶、巴黎等超级大都市，与其周边的卫星城市共同形成了紧密的城市群和连绵的城市带，呈现出城市地域连片发展的显著趋势。

六、中国的城市化进程

（一）中国城市化的几个发展阶段

中国发展研究基金会发布的《中国发展报告 2010：促进人的发展的中国新

型城市化战略》研究认为，1949 年以来，中国的城市化进程可分为以下几个阶段：1949—1957 年城市化起步发展时期；1958—1965 年城市化的不稳定发展时期；1966—1978 年，是城市化停滞发展时期；1979 年至今，是城市化的稳定快速发展时期。

（二）1979 年以来中国城市人口的变化

自 1979 年改革开放以来，中国的城镇化水平实现了显著的跃升。在 1979 年至 1997 年的这段时间里，改革开放的深化实施以及"乡村工业化"和城市工业的蓬勃发展，极大地推动了中国的城市化进程，使这一时期成为中国城市化的快速发展阶段。

然而，由于中国城市户籍人口与非户籍人口在就业、教育、医疗、保险等领域的权益差异显著，户籍制度一度成为城市化自然进程的阻碍。但在 1997 年及之后的几年里，随着国家对小城镇和城市的"投资移民""技术移民"以及"家属移民"政策的逐步放开，城市人口的增长速度迅速提高。此后，随着更多省市逐步放宽户籍限制，中国的城市化进程呈现出更加迅猛的发展态势。

（三）人均 GDP 与城市化进程

到 2010 年，中国进入城市化中期阶段，以农村人口向城市人口转移为主。随着中国经济的快速增长，极大地促进了城市化发展；反过来，城市化的加速发展促进了经济总量的快速增长。人均 GDP 与城市化率呈双双上升态势。

（四）中国的城市化趋势

中国的城市化进程同样受到工业化水平和城市聚集效应的影响，相应地，城市化也将经历四个阶段：以农村进入城市为主导阶段；以小城市进入大城市为主导阶段；以大城市郊区化为主导阶段；以都市圈为主导阶段。

从国际城市化发展的历史经验来看，目前，中国的城市化正处于加速发展的中期阶段。农村人口大规模涌入城市的阶段即将画上句号，而接下来将是小城市人口逐步向大城市转移的新阶段。

（五）城市化与消费

中国经济正处于住、行消费快速增长的周期中，城市化不仅催生了庞大的住、行需求，还带动了其他多元化的需求增长。与此同时，这一进程对经济形态和社会结构产生了深远的影响，并引发了一系列挑战。这些挑战主要包括：在21世纪的前20年，中国将面临人口总量、劳动就业人口和老龄人口三大高峰的叠加，能源和自然资源的过度消耗，城市生态环境局部改善但整体恶化的局面，以及基础设施建设的速度和质量无法完全满足城市发展需求的问题。这些挑战都将给中国的城市化进程带来巨大的压力。

在城市化过程中，土地征收问题尤为值得关注。一方面，存在以剥夺农民土地资产作为城市发展原始积累的现象，导致农民成为无效消费群体；另一方面，对大城市郊区的农民过度补偿，也可能在城市边缘地带形成庞大的食利阶层。

●●●● 第四节　我国经济现代化的模式与效率

一、现代化经济基础的建设和工业化规模效率的问题

（一）中国经济现代化理论的探索过程和新时代现代化表述的本质

增长阶段理论把中国工业化起飞开始时间定位在19世纪50年代。计划经济时期，中国实际上已经明确提出建设现代农业、现代工业、现代国防和现代科学技术的工业化目标。但是，受到特定历史时期国内外不利发展环境的冲击，直至19世纪70年代，工业化起飞一直处于不稳定的增长路径之上。改革开放为工业化的推进提供了根本性的制度条件，现代化建设和构想逐步具有了坚实基础。依据三步走的现代化战略，到2050年，我国将实现第三步战略目标，达到中等发达国家水平，基本实现现代化，成为富强民主文明和谐美丽的社会主义现代化强国。

随着中国工业化的飞速发展，现代化战略和长远规划日渐清晰。党的十八大报告明确了"两个一百年"奋斗目标：到建党百年，即 2021 年全面建成小康社会，这一目标已经顺利实现；到新中国成立 100 年，即 2049 年，实现中国的全面现代化。党的十九大报告进一步细化了现代化的实施路径，提出了分两个阶段推进的新征程：第一阶段，从 2020 年到 2035 年，在全面建成小康社会的基础上，再奋斗十五年，基本实现社会主义现代化；第二阶段，从 2035 年到 21 世纪中叶，在基本实现现代化的基础上，再奋斗十五年，将我国建设成为一个富强、民主、文明、和谐、美丽的社会主义现代化强国。

党的十九大报告中关于经济现代化的构想，是基于中国工业化进程基本完成、城市化成为新增长引擎的背景下提出的。报告明确指出，中国经济已由高速增长阶段转向高质量发展阶段，当前正处于转变发展方式、优化经济结构、转换增长动力的关键时期。建设现代化经济体系是突破当前发展瓶颈的迫切需求，也是我国未来发展的核心战略目标。这一认识深刻反映了中国经济转型过程中面临的一系列问题和挑战，特别是在新常态下，经济结构条件的变化使得传统的规模效率路径难以为继。

（二）大规模工业化奠定了现代化的坚实经济基础

以生产供给为中心的快速的工业化规模扩张，贯穿了 1978—2011 年这个历史时期。其间，中国 GDP 增长速度维持了年均 10% 的超高水平，工业和服务业部门比重迅速扩大，产业结构现代化步伐加快，通过模仿的技术进步向国际前沿快速收敛属于典型的"结构性加速"，实现了贫困陷阱跨越和中等收入水平达成的第一次现代化突破。这个产品生产供给主导的阶段，实际上是为服务业和消费主导的高级现代化奠定物质基础的阶段。从生产方式来看，结构性加速过程的超高增长必须依赖资本积累和要素驱动，粗放和规模是其典型特征，因此快速的工业化过程也对应着规模效率的发展模式。这种规模效率包括以下三个方面。

1. 结构现代化与劳动生产率的快速提高

中国工业化的超高速增长主要源于两大产业结构转变的推动。首先，产业间的结构优化是一个关键因素。在这一过程中，第二产业增加值比重稳定在 46% 的高位，而增加值的再分配主要发生在农业和服务业之间。具体表现为农业部门的增加值份额逐渐减少，而服务业的增加值比重则逐年上升。这种变化使得中国在产出分布上部分地展现了现代化的特点。其次，工业内部的结构升级和雁阵升级是另一大动力。这一升级过程是结构性加速时期规模效率创造的核心。从轻重工业总产值比重的变化来看，改革开放至今，这一比重持续上升，呈现出加速发展的趋势。然而，比这种比重变化更为重要的是，随着轻工业向重工业化阶段的过渡完成，以汽车、计算机为代表的技术知识密集型深加工化工业近年来得到了迅速发展。这一趋势表明，中国工业化正逐步向更高端、更技术密集型的方向发展。2012 年，中国工业统计口径的调整，以及轻重工业分类的取消，标志着一个以重化工业化为核心推动力的超高增长时代的结束。随着经济结构的不断优化，国民经济效率也快速提高。这种效率的快速持续提高，主要得益于部门工业化过程中的部门优化和规模扩张，这带有典型的规模效率特征。

2. 资本形成

上述围绕工业部门结构升级展开的结构优化和规模效率提升，与所谓资本驱动的发展模式有关。中国超高增长时期的资本形成有着自己的特点或模式，总体来看，资本形成路径由两次大转变构成：19 世纪 90 年代末期以前的工业部门资本积累快速增长时期，以及其后以基础设施建设和房地产投资为动力的城市化时期。"1998 年以来，随着国家对城市化进程的积极推动，尤其是住房制度改革和住房消费信贷的启动，中国资本驱动的增长模式，也相应从原来单一的低价工业化推动，转为低价工业化和高价城市化双推动。"① 从资本形成的结构看，制造业投资占固定资产投资的比重下降，基础设施和房地产投资比重上升。同时，由于资本形成路径的这种分化，倾向于效率相对较低的第三产业，导致持续至今的产出/资本比率下降。因此，总体来看，资本形成的这种路径依然属于规模效率的范畴，其绩效就是工业和服务业产出的双加速，最终导致 2011 年资本形成率达到历史峰值。

---

① 经济增长前沿课题组. 经济增长、结构调整的累积效应与资本形成——当前经济增长态势分析 [J]. 经济研究，2003（8）：2-5.

3. 人口红利

中国以自己的劳动力资源禀赋进入全球化的最大的收获，是在很好地利用了过剩劳动力的同时，逐步带动了人口的城市化，并实现了人力资本的积累和结构升级。

从人力资源现代化的视角来看，经济超高速增长时期下的劳动力再配置正在经历第二次重大的转变。第一次转变与资本形成路径的分化密切相关，它涉及劳动力在产业间的重新配置以及劳动力向东部较为发达地区的流动。特别值得注意的是，2003—2011 年，农业部门的就业增量持续大幅度下降，即使在经济不景气的 2008 年之后，也未见劳动力回流农业部门的现象。这表明服务业部门，作为一个重要的劳动力接收地，已经接替农业部门成为新的劳动力"蓄水池"。在继续吸纳农业部门劳动力的同时，第二产业和第三产业之间的劳动力流动现象将愈加显著。第二次转变则聚焦于城市间的劳动力和人口再配置。大规模工业化推动了人口向城市的集聚，这一趋势主要通过农村工业化和人口就地转移的县域城市化路径体现。这一过程中，中小城市的发展速度超过了大城市，城市数量的增长远超过单个城市规模的扩张，成为中国城市化的主导力量。然而，随着城市化的深入发展，城市化开始呈现向一、二线城市集中化的趋势，劳动力资源开始在城市间流动，这可能导致未来城市之间的进一步分化。

从整体来看，中国劳动力的这种大规模流动和再配置，与资本驱动的经济规模扩张路径相一致。这种再配置本质上仍然属于剩余劳动力资源使用和人口红利开发的范畴，与工业化规模效率的规律一致，且对现代化物质基础的建设做出巨大贡献。

（三）结构性减速和规模效率递减问题

自 2012 年以来，中国经济所经历的减速现象，根据先前的分析，可以定义为结构性减速。之所以称为结构性减速，是因为经济发展阶段和经济结构条件的自然演进，在这一过程中，原先推动经济超高速增长的动力逐渐减弱，其明显标志是工业部门在国民经济中的产出和就业份额不断被服务业的发展所替代。具体而言，资本驱动和重化工业主导的增长模式正在逐步转向以消费和服务业为主导的增长模式。这种结构性减速已成为城市化进程中的新常态。随着新常态的出现，工业化旧常态下的一些问题开始凸显，这些问题的解决正是当前中国经济效率模式重塑的核心所在。

1. 资本效率下降与效率失衡

中国大规模工业化的迅猛推进离不开资本的强力驱动。无疑，资本的快速积累是推动现代经济腾飞直至工业化成熟的关键因素，这一点在许多发达国家的发展历程中都有迹可循。然而，如前文所述，自 2011 年中国投资率达到峰值后开始显现下降态势，这标志着资本积累从上升转入下降的倒"U"形路径已然显现。预计这一趋势将随着城市化进程和服务业的蓬勃发展而进一步加剧。倒"U"形路径的出现，实则是资本积累过程中资本效率快速下降的直观体现。在结构性加速的关键时期，这一问题具有重要的理论价值和政策价值。供给侧结构性改革战略中的调结构等措施，均与此有关。

从资本效率变化趋势看，随着资本存量的快速增长，国民经济的产出/资本存量比率呈现快速下降趋势。与资本效率持续快速下降相伴随的，是产业部门的效率结构失衡，长期以来，中国第二产业劳动生产率高于第三产业 1/3～1/2 倍。当然，这是由中国规模扩张的发展模式决定的。问题在于，如果服务业效率不能得到改进，那么结构服务化的发展将会持续压低经济效率，不利于生活质量的改善。

2. 低层次人力资本阻塞

资本积累的倒"U"形路径与劳动力供给的倒"U"形几乎同时发生。2012年中国劳动年龄人口出现了绝对下降，预示着以往那种依靠廉价劳动力投入的增长方式的结束。当然，这不是中国工业化向城市化转型时期的问题的全部，甚至不是最主要的方面。关键在于，在大规模工业化结束并向城市化转型的过程中，效率持续提升所必需的人力资本现代化程度不足——或者，用术语来说就是，中国经济向现代化高级阶段迈进中，正在遇到"中低层次人力资本壅塞"问题。

3. 全要素生产率（TFP）改进速度缓慢

中国资本效率的持续下降，是资本驱动工业化进程的自然结果。这种资本增长带动的高速工业化，在增长核算方程中，实际上压缩了全要素生产率（TFP）的改进及其对 GDP 增长贡献的空间。

换言之，TFP 贡献份额相对较低，是经济追赶过程中模仿型技术进步的必然产物。然而，在结构性减速的新常态下，TFP 近年来的持续下降趋势与提高增长质量的要求背道而驰。随着服务业逐渐取代工业成为经济增长的主要动力，投资对增长的贡献下降是不可避免的。相应地，与这一趋势相关的"干中学"技术进步减少也是必然的结果。因此，为了确保城市化阶段的经济增长能够持续，需要转向内生性的技术进步来替代"干中学"的技术进步路径。这意味着城市化时期的经济增长正面临着效率模式的重塑，这一问题涉及增长的非连续性和效率补偿这两个核心命题。

二、中国城市化阶段效率模式重塑的核心要素及其机制

党的十九大报告明确指出，新时代我国社会的主要矛盾已转化为人民日益增长的美好生活需要和不平衡不充分的发展之间的矛盾。这一矛盾要求必须坚持以人民为中心的发展思想，全面促进人的发展，并致力于实现全体人民的共同富裕。为此，必须坚持质量第一、效益优先的原则，以供给侧结构性改革为引领，推动经济实现质量、效率和动力的全面变革，提升全要素生产率。要加快构建实体经济、科技创新、现代金融和人力资源协同发展的现代产业体系，同时打造市场机制有效、微观主体活跃、宏观调控适度的经济体制，持续增强我国经济的创新力和竞争力。这一思想的核心可以概括为：在中国从工业化向城市化转型的关键时期，经济发展必须聚焦于提高人民的生活质量和生产效率两大基本点，这是实现现代化高级阶段的必由之路。

在理想的城市化进程中，服务业和消费将成为主导力量，这标志着工业化巨大生产力的进一步高级化。在这一阶段，工业结构将继续向深加工和信息化升级，而服务业在逐步取代制造业的过程中，也须确保提供足够的效率补偿，这实质上是生活质量与生产率提高在产业协同中的良性循环。然而，城市化作为一个新的发展阶段，也伴随着新的生产函数和模式，新旧生产函数的转换既带来挑战也孕育着机遇。

（一）增长非连续和城市化阶段增长分化风险

增长非连续是经济追赶国家工业化向城市化转型过程中所发生的对理想线性雁阵升级路径的偏离，如当前讨论较多的所谓拉美中等收入陷阱。从现代化角度来看，增长非连续意味着向发达城市化阶段收敛过程中，可能发生的低效率增长风险。也就是说，在转型时期中如果问题处理不好，服务业和消费主导——或者经济结构的服务化，将导致增长的长期停滞和震荡。

1. 发达国家经验

（1）第二次世界大战后，法国、德国、意大利凭借其深厚的工业化和现代化潜力，包括强大的技术根基、丰富的企业家精神传统以及高素质的人力资本积累，他们对美国的经济追赶实际上是战争这一偶发事件暂时打断的现代化进程的复苏。因此，这些老牌发达国家沿着理想的线性产业升级路径，逐步迈向发达经济水平，似乎是一件很自然的事，无须过多解释。

（2）第二次世界大战后，日本和韩国在全球分工模式下，尤其是受到美国主导的影响，成功实现了向高级现代化水平的升级和收敛。他们的经验对于后发国家来说，具有更为深远的借鉴意义。虽然这两个国家也经历了长时间的资本驱动的大规模工业化，但与其他战后新兴工业化国家不同，他们在工业化过程中融入了自主创新的核心元素，而非仅仅停留在技术模仿的层面。例如，日本一直强调知识创新和积累的重要性，其工业化战略也是基于国内技术基础的培育。自19世纪70年代起，日本已经开始向外输出技术，从而建立了东亚的雁阵产业传递模式。简言之，日本始终遵循着线性的现代化路径，即城市化建立在工业化巨大生产力之上，这充分展现了其典型的高级现代化特征。

2. 发展中国家的经验

（1）拉美国家为偏离理想线性雁阵模式及城市化无效率发展提供了深刻的经验教训。这些国家普遍未能经历完整的工业结构升级过程，国内资本积累能力和创新水平相对滞后。受限于土地集中、垄断等特定的制度因素，无论是早期的出口导向战略，还是第二次世界大战后的进口替代策略及其后的宏观调整，拉美国家似乎始终未能找到一条有效推动效率持续提升的路径。其城市化进程呈现出超前和早熟的特点，并非建立在坚实的工业化生产力基础之上，而是更多地表现为人口的无序迁移和过度集中。这种人口漂移的现象导致经济效率无法有效覆盖城市化的成本，进而加剧了"城市病"的发生。尽管在城市化阶段，消费和服务业在数量和比重上占据较大份额，但缺乏对效率提升至关重要的消费结构和服务业结构升级，因此几乎无法观察到这些主导因素对国民经济效率的补偿效应。

（2）中国和泰国转型面临的问题和对理想线性雁阵升级梯度的偏离，表现出另外一种模式——资本驱动惯性和资本效率下降。这种模式的不可持续性已经在前文做过分析，需要进一步强调的是，就像单纯依赖消费会导致无效率增长那样，单纯依赖资本同样导致无效率增长。投资/消费的协同以及相应服务业/工业发展协同，是扭转偏离进而达成效率模式重塑的必由之路。

（二）效率补偿机制及其向理想增长路径的回归

对于经济追赶国家而言，效率模式重塑的关键，在于服务业和消费主导的经济良性循环机制的构建，即"高劳动生产率—高资本深化能力—高消费能力"循环的构建。这就是所谓高级现代化的稳定的效率三角模式。如果以此为参照观察发展中国家的偏离问题，那么，在工业化向更高级的现代城市化演进过程中，消费提高能力、资本深化能力和与此密切相关的知识创造能力，对于增长跨越至关重要。直观来说，三种能力的培育，也是突破中等收入陷阱的关键所在。

所谓经济结构服务化的效率补偿机制，本质上就是针对重建这一稳定的效率而言的。无论是拉美国家的消费主导的增长，还是东亚发展中国家普遍表现的资本驱动的增长，均存在效率不可持续的问题，因此面临增长模式的系统性调整。调整的方向就是提高效率能力的培育。实际上，在转型经济中服务业和消费主导或经济结构服务化，不能简单理解为服务业部门比重的增加和消费比重的增加，而应该从服务业结构升级和消费结构升级这个角度，来论证高级现代化的达成路径。

1. 效率诱致机制的变化和结构条件的变化

经济向发达城市化阶段的升级，实际上是经济诱致机制变动的结果。在工业化大规模推进的过程中，雁阵模式的建立遵循着从劳动密集型、重化工业到深加工等结构变迁的诱致机制。这种机制的核心在于工业部门日益增强的前后向关联，特别是后向关联，推动规模效率的提升。然而，随着服务经济的崛起，不论是在发达国家还是后发国家，原有的工业化诱致机制由于服务业部门的崛起而逐渐减弱，并被新的增长动力所取代。从这种诱致机制的变化中，可以清晰地看到城市化与工业化生产方式的不同——即从以商品为核心的生产模式转向以人为核心的发展模式。

在城市化阶段，诱致机制更多地保留在工业化部门中，但影响力相对减小，并与工业/服务业的协同机制共同作用。服务业部门的发展和结构升级，其主要作用不再局限于后向联系，而是成为经济增长的前提条件。例如，城市化过程中科教文卫部门的发展以及福利社会的建设。此时，消费结构升级的重要性日益凸显，成为衡量现代化程度和潜力的关键标志。

2. 消费结构升级

"伴随着产业结构升级的现代化过程，城市化阶段需要消费结构升级的支持，主要是以科教文卫为代表的消费项目在总消费中占据越来越主要的地位。以美国为例，这些代表着消费结构高级化和现代化的比重，在近年来接近50%。作为沿着理想线性雁阵路径持续追赶的韩国来说，消费结构的现代化特征同样显著，近年来有突破30%的趋势。与此相比，拉美国家和东亚国家在这方面的问题就显得比较突出了，科教文卫项目消费比重长期处于20%以下，且似乎很难突破这个门槛。如拉美国家中比较具有发展潜力的墨西哥，消费结构一直处于传统消费品的主导之下，中国和泰国也表现出了类似的情况。"①

消费结构的高级化和现代化之所以至关重要，是因为它们与现代城市化的效率补偿要求紧密相连。与工业化阶段，特别是"干中学"的技术路径不同，现代城市化更加注重以知识生产配置为核心的知识过程，这是推动创新和内生技术进步的关键动力源。科教文卫等领域消费水平的提升，实质上反映了包括健康、教育等在内的广义人力资本积累水平的提高，即人力资本向更高层次的梯度升级和提升。发达国家将现代化的高级形式视为知识过程的建设，因此，高层次人力资本积累和整体劳动力素质的提高，自然成为像中国这样正努力实现现代化再跨越

---

① 袁富华. 中国经济现代化：模式与效率 [J]. 云梦学刊，2018（3）：78（73-78）.

的国家的追求。这一过程中，"以人民为中心"的理念显得尤为重要，凸显了人民在推动现代化进程中的核心地位。

3. 工业与服务业的协同

消费结构向科教文卫项目的升级，不仅包括广义人力资本和知识过程方面，更为重要的是以知识过程的建立为核心，推动工业与服务业的协同发展。对于中国的经济转型而言，这种协同牵扯到如何顺利实现重化工业化阶段向深加工化的转型，以及服务业发展摆脱成本型的规模扩张进而转向效率补偿的良性循环路径。

知识过程作为一个协同作用的嵌入机制，在塑造"高劳动生产率—高资本深化能力—高消费能力"的稳定效率三角中发挥着关键作用。其影响主要体现在以下几个方面：首先，知识过程以科教文卫部门的发展为支撑，推动服务业结构升级，进而实现消费结构升级与服务业结构升级的相互促进。在这个循环中，教育和人力资本的高级化不仅是起点，也是知识过程不断循环的关键环节。其次，知识过程产生的溢出效应和部门联动作用，与大规模工业化阶段中服务业作为工业部门诱致机制的结果和被动分工地位的情况不同。在高级现代化的结构服务化阶段，服务业因其在知识生产配置中的核心作用，成为工业结构升级的前提条件和积极的促进力量。这体现在服务业结构的高端化或高级化，以及对制造业技术进步和知识再生产的显著溢出效应上。

（三）城市化、内部化与高级形式的现代化

面对中国工业部门在转型时期诱致机制逐渐消失的趋势以及新动力重塑的迫切需求，有必要深入讨论增长过程的内部化问题。鉴于中国工业化起步时的薄弱基础和改革开放初期对外部依赖和要素驱动的依赖，这种发展模式长期抑制了消费增长，忽视了将发展成果转化为人力资本的重要性。换言之，中国在大规模工业化阶段缺乏了增长内部化的关键环节，导致低层次人力资本的积累成为高级现代化道路上的障碍。从这个角度看，党的十九大报告中对人的发展的强调和对民生问题的重视，实际上与城市化阶段对发展成果内部化的重视是一致的。这不仅是一种与传统发展理论不同的现代化观念，更体现了决策者对高级现代化的深刻理解与洞察。

第二章　现代经济发展的支撑——就业

一、一般就业理论的要旨

（1）凯恩斯采用就业量作为基本模型的因变量，符合其经济分析的最终目标。《通论》将经济分析的最终目标确定为找出决定就业量的因素是什么，在构建就业函数时，将就业量作为其基本模型的因变量。应该意识到，凯恩斯经济分析的最终目标是与一切经济活动的最终目的相联系的，消费是一切经济活动的唯一目标和对象，一国国民的消费总量必取决于该国劳动者的就业量。

（2）一般就业理论旨在解释均衡就业量与有效需求之间的定量关系。当劳动市场和产品市场都处于均衡时，总供给函数与总需求函数相交于点，此时该点的有效需求的数值决定了劳动供给函数与劳动需求函数相交时的就业量——均衡就业量。凯恩斯的经济总量分析框架就是要建立起均衡就业量与有效需求之间的函数关系。

（3）在探讨均衡就业量与总供给函数之间的关系时，凯恩斯提出了一个核心观点：总供给被视为就业量的函数，这意味着就业量实际上是总供给的反函数。在短期内，当技术、资源和成本条件保持不变，即总供给条件稳定时，就业量的变动主要由需求侧因素所决定。也就是说，在短期内，就业量的多少不仅与总供给的规模相关，还受到消费倾向和投资数量的显著影响。

（4）谈及均衡就业量与消费倾向之间的关联时，凯恩斯强调消费需求作为有效需求的关键组成部分，对就业量有着不容忽视的影响。他进一步引入了消费倾向的概念，指出消费需求对就业量的影响并不仅仅取决于其绝对值的大小，更重要的是消费需求与总收入之间的比例关系，即消费倾向。在这种理解下，就业量的变动直接取决于消费倾向的强弱，而消费倾向的任何变化都可能导致就业量的相应调整。

（5）均衡就业量与投资量之间的关系。凯恩斯明确指出："在既定的被我们称为消费倾向的条件下，就业量的均衡水平……取决于现期的投资数量。"① 可见，投资量的改变是引起就业量改变的重要因素。

（6）实质上，就业理论的核心模型即为凯恩斯的就业函数。这一函数与总供给函数紧密相关，专注于分析有效需求如何影响并确定就业量的均衡水平。为了定量地阐述其一般就业理论的核心内容，凯恩斯提出了一个模型，即就业函数，它详细描述了均衡就业量与总供给、消费倾向以及投资量之间的内在联系和相互作用。

二、就业理论的基本原理

（一）凯恩斯分析的最终目标是与一切生产的唯一目的联系在一起的

关于一切经济活动的最终目的，斯密的观点是：消费是一切生产的唯一目的，这原则是完全自明的。一国国民的消费水平可以用消费者比例来衡量，消费者比例反映了一国能享受到充足的生活必需品和便利品的消费者人数占全部国民的比例。一切经济活动的最终目的是提高消费者比例，这一比例的大小关系到社会文明繁荣的程度，是与大多数人民的幸福联系在一起的。

凯恩斯也明确提出，一切生产的最终目的都是满足消费者，或者说，消费是一切经济活动的唯一目标和对象。他把经济分析的最终目标确定为：找出决定就业量的因素是什么。毋庸置疑的是，经济分析的最终目标与一切经济活动的最终目的是密切相关的，消费者比例的大小总体取决于一国每年从事有用劳动的人数占全部劳动人口的比例。凯恩斯把就业量作为经济分析的最终目标，是符合斯密提出的一国国民的消费者比例总体取决于劳动者的就业率的思想的。

---

① ［英］约翰·梅纳德·凯恩斯. 就业、利息和货币通论［M］.（重译本），高鸿业译. 北京：商务印书馆，1999：33.

（二）就业理论的基本模型概括了斯密的供需均衡学说的核心内容

经济活动的核心规律在于：劳动是支撑国民消费，提供生活必需品和便利品的根本来源。一国的消费者比例以及总供给的丰富程度，均直接受就业率的影响。同时，大多数人的消费支出不仅满足了自身的需求，还间接成为财富创造和就业机会增加的源泉。凯恩斯的就业理论分析框架正是基于这些基本思想构建的。

首先，劳动是驱动国民每年消费各类生活必需品和便利品的根本动力。一国的消费者构成与这些商品的供给状况紧密相连，而这些供给状况最终取决于就业量的多少，也就是总供给和消费量均可以视为就业量的函数。其次，就业量的决定因素在于有效需求。这一理论根基可以追溯到斯密的有效需求学说。斯密认为，一国每年上市的商品所蕴含的劳动量，会根据经济规律自动调整以适应有效需求。再次，消费倾向对就业量具有显著影响，充分体现了消费支出作为国民财富另一重要来源的观点。尤其是占国民大多数的下层劳动者对生活必需品的消费需求，对国家的未来收入和就业量具有决定性作用。最后，投资量也是影响就业量的关键因素。资本的数量及其使用方向的变化，能够直接推动就业量的增减。斯密曾特别指出，由于资本的用途不同，所带动的劳动量也会有所差异。综上所述，凯恩斯的就业理论基本模型涵盖了斯密有效需求学说的核心思想。

（三）凯恩斯的模型科学地解释了生产过剩学说和有效需求不足的原理

"西斯蒙第和马尔萨斯认为，如果一国的消费需求严重不足，将导致生产过剩，会抑制社会再生产，从而造成劳动者的大量失业。凯恩斯指出，在短期内，假定总供给条件不变，有效需求不足意味着，或者消费倾向过低，或者投资量过低；如果消费倾向和新投资量造成有效需求不足，那么现实中存在的就业量就会少于在现行的实际工资下所可能有的劳动供给量。凯恩斯用一个函数表达式 $N=F(\Phi, x, D_2)$ 概括了经济体系的各个基本变量之间的关系，即就业量取决于总供给函数 Φ、消费倾向 x 及投资量 D_2。凯恩斯强调，这就是一般就业理论的要旨，就业理论的任务是对这一模型中的各种因素进行详细的说明。"①

对于凯恩斯的一般就业理论的基本模型来说，值得深入探讨的是，消费倾向与投资量的变化如何引起就业量的改变，这就涉及就业理论的两个基本命题：分配公正与充分就业。这两个基本命题体现了斯密理论体系的核心思想，并且概括了凯恩斯的就业通论的实质内容。

第二节 现代经济发展与就业的一般关系

经济发展与就业增长的互动关系是客观存在的，又是不断变化的。总体来讲，只有经济发展才能够拉动就业，只有就业的持续增长，才能够保持经济的健康发展，两者应当相辅相成，既不能片面追求经济增长忽视劳动者的就业，也不能为了追求就业公平就损害经济的发展，这就要求在确保经济发展的同时，要妥善安排就业问题。但是，经济发展和就业增长不一定是正相关关系，经济发展与就业增长是否实现良性的互动，还受到多种因素影响。

一、经济发展促进就业机会增加

（一）经济增长带动就业

经济增长是就业增加的基础。当经济持续增长时，各类企业和产业部门对劳动力的需求也会相应地增加。这种增长可能源于新企业的成立、现有企业的扩张或技术的创新。新企业的成立和现有企业的扩张意味着更多的生产和服务活动，从而需要更多的劳动力参与。而技术创新虽然可能在一定程度上减少某些岗位的劳动力需求，但同时也会创造出新的就业机会，如新技术的研发、推广和应用等。

---

① 王二丹，王唯炜. 就业论（第 1 卷）：就业理论体系与分析方法 [M]. 北京：知识产权出版社，2019：39.

（二）产业结构升级促进就业

随着经济的发展，产业结构会逐渐从低附加值的农业和轻工业向高附加值的制造业和服务业转变。这种转变不仅提高了经济的整体效率，也带动了相关产业对劳动力的需求。制造业和服务业作为现代经济的重要组成部分，对劳动力的需求量大且增长迅速。同时，随着产业结构的升级，对劳动力的素质要求也在不断提高，这促使劳动者不断提高自身技能，以适应市场的需求。

（三）政策推动就业增长

政府在促进就业方面发挥着重要作用。政府可以通过实施一系列就业政策，如提供就业培训、鼓励创业、优化营商环境等，以此来推动就业机会的增加。就业培训可以提高劳动者的技能水平，增强他们的就业竞争力；鼓励创业可以激发市场活力，创造更多的就业机会；优化营商环境可以为企业提供更好的发展环境，促进企业的扩张和就业的增长。

二、就业推动经济发展

（一）劳动力是生产要素之一

劳动力是生产过程中不可或缺的要素之一。充足的劳动力供给能够确保生产活动的顺利进行，从而推动经济的发展。在经济活动中，劳动力与资本、土地等其他生产要素相结合，共同创造价值。因此，劳动力的数量和质量对经济发展具有重要影响。

（二）就业增加促进消费

就业的增加意味着居民收入的增加，进而提高了消费能力。消费是经济增长的重要驱动力之一。当居民收入增加时，他们的消费需求也会相应地增加，从而推动消费市场的扩大和经济的增长。此外，消费的增长还可以带动相关产业的发展，如零售、餐饮、旅游等服务业的繁荣，进一步促进经济的增长。

（三）劳动力流动促进资源优化配置

劳动力的流动能够促使资源在不同地区和行业之间得到更加合理的配置。当某个地区或行业的劳动力供给过剩时，劳动力会向其他地区或行业流动，寻找更好的就业机会。这种流动有助于实现资源的优化配置，提高资源的利用效率。同时，劳动力的流动还可以促进技术的传播和知识的交流，推动经济的创新和发展。

三、就业结构与经济发展的相互适应

（一）就业结构反映经济发展水平

一个地区的就业结构往往能够反映出其经济发展水平。在经济发展水平较低的地区，农业和轻工业等低附加值产业占据主导地位，劳动力主要集中在这些产业中。随着经济的发展和产业结构的升级，劳动力会逐渐向高附加值的制造业和服务业流动。这种流动使就业结构更加合理，与经济发展水平相适应。

（二）经济发展引导就业结构调整

经济的发展会引导就业结构进行相应的调整。随着制造业和服务业的快速发展，这些产业对劳动力的需求也会逐渐增加。同时，随着技术的不断进步和产业的升级换代，一些传统产业可能会逐渐衰落或转型，导致这些产业的劳动力需求减少。这种变化要求劳动力不断适应市场需求的变化，提高自身的技能和素质以适应新的就业机会。

（三）就业结构与经济发展相互促进

合理的就业结构能够促进经济的发展。当就业结构与经济发展相适应时，劳动力能够充分发挥其作用，为经济的发展提供有力的支持。同时，经济的发展也能够为就业结构的调整提供必要的支持和保障。例如，政府可以通过制定相关政策来促进就业结构的调整，如鼓励劳动力向新兴产业流动、提供职业培训以提高劳动力素质等。这些政策有助于实现就业结构与经济发展的相互促进和良性循环。

第三节 现代经济发展对就业产生的影响

一、经济增长对就业的影响

国家经济的发展会很大程度影响其国内就业水平，而就业水平的高低也会影响这一个国家的经济发展，二者是相互影响、相互促进的。但是现代中国面临了一个很严峻的问题，即经济水平与就业增长水平不同步，这会造成很多问题。

在我国社会主义初级阶段，当前市场经济正迎来新一轮的改革调整，确保就业稳定成为构建和谐社会的重要前提。当前，现代就业水平增长缓慢的主要原因有两大方面：一方面，劳动力市场尚未完善，不能为求职者提供充足的就业机会，许多有意愿和能力工作的人因缺乏合适的岗位而处于非自愿失业状态。另一方面，社会通过政策调控和福利救济所能创造的就业岗位有限，且相关的作用机制尚不成熟，导致供需矛盾突出，难以从根本上解决贫困问题。从经济学视角来看，要实现就业的稳定增长，必须在不断完善劳动力市场体系的基础上，辅以有效的政策支持。这种综合施策的方式相较于单独行动，更能有效地解决就业需求不足的问题，并具备更强的实际效果和深远意义。

（一）经济增长与就业之间的关系

国际劳工组织赋予的就业定义为，在法定年龄中，有能力且有意愿进行劳动并依法从事社会经营活动来获取报酬的行为。就业的概念拥有含义如下：首先，劳动者必须是拥有劳动意愿并且有能力从事劳动的；其次，劳动者参与的劳动必须是社会经济类的劳动而非家庭劳动；最后，劳动者的劳动必须有相应的劳动收入和报酬，不能是义务劳动或者无偿公益劳动。

1. 经济增长与就业之间的联系

经济增长与就业状况之间存在紧密的联系，它们相互影响、相互促进，这一关系已经成为社会关注的焦点。许多经济学家普遍认为，从宏观层面来看，就业与经济增长具有一致性，国家的经济增长在很大程度上直接决定了其就业水平。经济发展不仅是社会稳定的重要基石，也是国家发展的必要条件。为了实现经济的稳定增长，合理的收入分配和科学的资源配置至关重要。为此，国家采取了宏观调控措施，并制定了一系列财政政策。这些政策包括调整税收、再分配城乡收入，以及通过财政支出创造就业机会等，旨在将生产资料与劳动人民的诉求相结合，缩小收入差距，并激发劳动力的就业积极性。经济增长对就业结构的影响不容忽视。一方面，它影响劳动力的流动性；另一方面，经济结构的变化会决定产业结构，进而决定就业结构。为了实现就业与经济增长的良性互动，需要正确分析经济增长与劳动力供求之间的关系，以确保两者能够相互匹配，实现共同增长。

2. 经济增长对就业产生的效应

从微观视角审视，劳动力是企业为保持日常运营和生产所不可或缺的服务提供者，是企业持续生存和壮大的关键要素。企业的生产力水平直接决定了其对劳动力的需求水平，因此，在微观层面上，劳动力是企业运营的必需品。转向宏观层面，劳动力作为社会生产的投入要素，对于维持社会经济的稳定发展和经济增长起着至关重要的作用。社会对劳动力的需求是经济增长不可或缺的前提条件。在现代经济领域，人们普遍认同劳动力是经济发展的关键因素，而经济的增长也会反过来改善劳动力的就业问题，两者相互依存、相互促进。当劳动力就业率上升时，劳动人群的收入也随之提高，这将进一步推动整体社会的消费能力。随着消费能力的提升，社会产品的流通速度加快，从而刺激企业增加生产以满足市场需求。这反过来又需要企业雇用更多的劳动力，创造更多的就业机会，形成了一个良性循环，有力地推动了社会经济的繁荣。

（二）新形势下我国经济增长影响就业的主要问题

1. 我国的劳动力市场不健全

劳动力市场在我国就业增长中扮演着至关重要的角色。然而，由于历史原因，我国劳动力市场正经历从计划经济向市场经济的转型，导致许多方面尚未形成完善的体系，存在诸多不足。一个显著的问题是劳动力资源的匹配不合理，这直接导致了我国经济增长速度与就业增长速度之间的不匹配。计划经济时代的制度残留对现代市场经济中劳动力资源的优化配置造成了诸多障碍。在计划经济体制下，资源分配往往优先考虑城镇，这在很大程度上抑制了农村劳动力的积极性，限制了城乡人口的流动性，进而加剧了城乡经济差距。改革开放后，虽然劳动人口流动政策逐步完善，城镇落户条件逐渐放宽，推动了人口流动和就业增长，但现代劳动力市场的构建仍面临诸多挑战。目前，劳动力市场的合理分配和就业保障仍存在不少问题，这些问题影响了劳动者的就业主动性和积极性，导致劳动力与资源之间不匹配，分配不合理、不科学。

2. 产业结构不合理

"由于国家在发展、社会在进步，我国的产业结构随着经济的发展也在不断改变，第一、第二、第三产业所占的比例相对新中国成立初期已经发生了天翻地覆的变化，从最初的农业大国，第一产业占比30%，第三产业占比微乎其微的状况，到今天不断发展服务业和建设工业强国，第一产业占比已经下降到10%，第二产业处于40%左右，而第三产业飞升到50%以上，国家的支柱产业已经发生了根本性的变化，对于人才的需求也不再是单一对于农业等劳动类型人才的需求，现代对服务型和可持续发展型人才的需求更为强烈，提供的岗位也更多偏向于第三产业，而第一产业需求的劳动力下降。"[1]

二、产业结构对就业的影响

(一) 产业结构和就业结构的变动

三大产业结构分别是第一、第二、第三产业，第一产业是以自然物为对象的产业，包括林业、农业、畜牧业、水产养殖业等；第二产业是在自然物的基础上对其进行加工处理并销售的产业，除此之外的产业即为第三产业，范围非常广泛，主要是服务业和高科技产业：餐饮、交通运输、金融、保险、行政服务等一些非物质生产部门。三大产业在我国 GDP 中所占的比重也发生了变化，由最开

---

[1] 丁丽芸，林可全，马军. 现代经济发展与就业规划 [M]. 哈尔滨：哈尔滨出版社，2020：27-28.

始依靠第一产业、第二产业，逐渐向依靠第三产业拉动经济增长的趋势发展。就业结构也呈现出和三大产业相同的变化趋势，目前第一产业和第二产业的就业人数基本持平，第三产业的就业人数已达到40%以上，根据国家政策的走向，第一产业的就业人数会更少，第二产业也会减少，逐渐占领第三产业。

（二）产业结构角度的就业增长

中国，长久以来作为农业大国，虽然在经济、技术和科技领域取得了显著的增长，但第一产业仍面临诸多挑战。第一产业就业人数庞大，农业发展问题不容忽视，如农产品种类单一、生产过程不够环保、农药残留问题严重等。与此同时，第二产业人数逐渐接近第一产业，并在国家政策和当前国情的推动下，有望在未来超越第一产业。然而，以工业为主的第二产业也面临着研发投入不足、科技创新缺乏的问题，这导致产业整体在全球价值链中处于较低位置，产品利润相对较低。国家致力推动经济向第三产业转型，并鼓励就业向第三产业发展。然而，与发达国家相比，我国第三产业的就业比重仍有待提高。这一不足与国内市场的结构密切相关，当前第三产业的主力集中在餐饮和服务业，而金融、互联网和高科技等领域的占比相对较小，创新能力亟待加强。

三、技术进步对就业的影响

技术进步对就业的影响呈现出多维度的特性，特别是在就业结构与就业规模上尤为显著。尽管我国的技术进步近年来持续加速，但不同技术类型和发展路径对就业产生的影响各异，其影响程度也不尽相同。为了深入理解技术进步对就业的具体影响，需要分析其经济功能。通过分析技术进步的经济功能，从而来分析技术进步对我国劳动力就业空间上的挤出效应、替代作用的挤出效应、劳动者素质相对于技术进步的速度较落后而产生的挤出效应以及拉动效应。

（一）不同技术进步路线对就业影响的比较分析

生产力增长的关键因素之一就是技术进步，然而在不同环境下所选择的技术进步路线类型将直接对就业产生不同的效应。在我国当前的就业形势下，不同的技术进步路线对就业产生的效应是促进技术进步政策选择的一个重要依据。

1. 技术进步路线的划分

技术进步路线根据不同标准可划分为多种类型，其中，以技术进步经费投入及应用对象为划分依据，可将技术进步路线划分为三类：教育导向型技术进步路线、科学导向型技术进步路线、技术导向型技术进步路线。教育导向型技术进步是指通过提高国民教育、培训经费等方式来达到提高全民素质和科学文化水平的目的从而促进技术进步；科学导向型技术进步是由政府增加科学研究经费引起的技术进步；技术导向型技术进步是由于企业在生产技术方面的改进和新产品研发方面进行经费投入导致的技术进步。

2. 技术进步路线对就业效应的影响

（1）教育导向型技术进步路线着重于通过增加教育投入和就业培训，提升劳动者的基本素养。它不仅降低了劳动者进入行业的门槛，还使他们能迅速适应岗位技能的变化，有效减少结构性失业。同时，这种技术进步路线还产生了拉动效应，通过提高劳动者素质促进生产力发展，增加劳动者收入，进而刺激社会需求，增大企业对劳动力的需求。

（2）科学导向型技术进步路线强调政府对科研项目的经费投入，定向培养专业科技人才，发展新型科学技术。这一路线的实施不仅开拓了新市场，增加了整体市场对劳动力的需求，还通过发展科技事业为欠发达地区拉动劳动力需求，增加就业岗位数量，直接推动了高新技术产业发展所带来的就业效应。

（3）技术导向型技术进步路线在短期内可能对就业产生较明显的挤出效应。企业技术革新对原有技术产生冲击，可能导致部分科技替代人工岗位，减少了对劳动者的需求量。尽管技术导向型技术进步也带来了一定的就业创造作用，但相比就业破坏作用，其强度较弱，但也不能因此就否定技术创新的价值。从长远来看，技术革新能够提升企业的效益，拉动各地经济水平，提高国民消费水平，从而拉动内需，是实现中长期就业持续增长的根本。因此，放弃技术导向型技术进步路线是不明智的选择。

（二）技术进步对就业规模和就业结构的不同影响

技术进步对就业的影响显著体现在就业量和就业结构的变动上。在评估就业规模时，须考虑科技进步对劳动力需求的双重影响：一方面，科技的进步可能会减少某些岗位对劳动力的需求，即所谓的"挤出效应"；另一方面，它也可能通过提高生产效率和创造新的就业机会来拉动劳动力需求。科技进步对劳动力规模的总效应，正是由这两种效应相互抵消后的结果所决定的。当挤出效应占据主导时，劳动力需求将减少，进而导致就业规模缩减。相反地，如果拉动效应超过挤出效应，那么劳动力规模就会实现增长。从就业结构的角度来看，技术进步不仅改变了不同产业内劳动力所占比重，还促进了劳动力在各个产业之间的转移和流通。这种转变使得劳动力流动变得更加分散和不规则，推动了就业结构的动态调整和优化。

1. 技术进步对就业规模的不同影响

（1）挤出效应。技术进步将导致失业率的上升，对劳动力市场存在着破坏力量。

劳动力替代：伴随着科技进步和人工智能的发展，大部分体力劳动及部分智力劳动可以转化为既定的程序和编码由机械代劳，机械的准确性和规范性能够保证劳动效率，可以等同替代劳动力甚至提高劳动效率，从而实现劳动机械化、自动化、信息化。技术进步使企业资本密集程度迅速提高，将会排斥大量多余人员，导致失业可能性增大。在这样对现有劳动力不利的情况下，劳动力时间支出减少，劳动量降低。

劳动力要求变化：随着科技的飞速发展，尤其是劳动节约型和资本节约型科技的突破，劳动力需求发生了显著变化。这些进步不仅推动了劳动工具的革新，也提高了对劳动力素质和技能的要求。在此背景下，许多职位的知识结构和技术门槛得到了提升，一些传统职业因此面临淘汰或降级的风险。这种劳动力要求的变化带来了双重影响。首先，它引发了一个劳动力适应期。在此期间，劳动者需要适应市场变化，调整自己的技能或学习新的技术，以适应新的职业要求。这通常需要一定的时间，并可能伴随一定的挑战。其次，这种变化也直接导致了结构性失业。随着职位技能要求的提高，部分低技能劳动者可能无法满足新的要求，从而被市场淘汰，导致劳动力总量的减少。

职位迁移变化：由于劳动力效率的提高，一些原本高效率的职位的劳动力可能面临向低效率部门迁移的压力。这种迁移导致了劳动力流动率的增加，并可能伴随着劳动力数量的减少。

产品生命周期变化：在科技进步的推动下，产品生命周期也发生了变化。市场的快速更新换代要求产品更快地适应市场变化，从而缩短了产品的生命周期和利润周期。这对于企业而言是一个巨大的挑战，若处理不当，可能导致企业效益下滑，进而减少就业岗位，加剧失业问题。在这种情况下，失业者再就业的速度也会放缓，最终形成稳定的高失业率现象。

（2）拉动效应。拉动效应（Pull effect）是一个经济学概念，主要指在公共工程项目之后带来的消费水平和私人投资水平的上升。

职位总量变化：科技带来的不仅是新的产品与新的技术，随之而来的还有新的职业、新的需求，如机械护理、程序测试等高新产业。每个创新都是一个既破又立的过程，有旧的职业消失就会有新的职业出现。新的产业和同一产业的新职位，更多的岗位也带来了更多的劳动力需求，同时企业扩大规模增加劳动力就业机会，带来劳动力需求的增长。

市场需求扩大：科技的进步会将以前看似不可能的想象力转变为现实，给用户带来全新的体验。扩大的市场需求引发相应的新一轮规模性的产业增长，给劳动力市场带来新的需求。

价格降低：从价格—需求曲线来看，伴随着价格的降低，需求呈上升状态。随着科技进步，科技这一生产要素的发展将推动生产力的高速发展，更低价格的原材料，更高的劳动效率，更低价格的生产成本，结果必将出现更低价格的产品，而产品的低价格会带动市场的需求，更高的消费需求作用在劳动力市场上时，便带来了更多的劳动力需求。

2. 技术进步对就业结构的不同影响

根据当前数据分析，第三产业正处于蓬勃发展的阶段，其生产总值持续上升，主要得益于技术发展的推动。在就业增长方面，第三产业成为主导力量，同时对劳动力的素质提出了更高要求，这推动了劳动力在质和量两方面的同步发展。

从产业结构的角度来看，传统经济时代下的劳动力转移通常遵循配第—克拉克命题，即劳动力从第一产业向第二产业转移，随后再从第一产业和第二产业向第三产业转移。然而，在技术进步的新环境下，这一模式将发生显著变化。劳动力的技能水平将呈现阶段性提升，并倾向于向产业链的两端（即高端研发和低端服务）扩展。由于高技术含量的职位，如工程开发、编码和创新等，无法被来自传统产业的劳动力直接替代，因此产业间的劳动力转移将展现出更加多元化和分散化的特点。

科学技术的发展对劳动力的影响深远。技术进步不仅显著提高了劳动力的生产效率，还优化了生产要素的综合利用率。特别是电子技术、计算机和通信技术的快速发展，极大地提高了生产线的效率和厂房之间的协同能力，减少了操作失误，从而提升了产品质量。此外，现代管理方法的运用，如运筹学、管理学和应用系统的结合，使得企业能够计算出最佳的资源投入组合，以实现最理想的产出，从而进一步提高了生产要素的使用效率。

而在就业方面，随着经济的增长，技术不断进步，产业结构不断调整，为了企业的可持续发展，更多企业选择技术导向型技术进步路线作为主要发展路线，如此一来，结构性失业问题将日益明显，对此可采取教育导向型技术进步路线和技术导向型技术进步路线并行政策，加强对劳动者的发展教育，使更多劳动者具备应用新型技术的能力，顺应时代发展，让劳动者获取就业岗位的机会增加。

要根据不同情况灵活选择合理的技术进步路线，在技术不断进步的情况下，要利用好技术带来的优势，然而如若出现结构性失业明显的情况，就要利用好教育导向的路线。鼓励企业自主创新，革新技术，扩大生产规模，增加劳动岗位，减少技术革新对劳动力带来的替代效应，强化技术进步，带来了第二次就业机会。

四、创新理念对促进经济发展与就业的影响

（一）实现创新发展对经济和就业的积极影响

对于经济发展和劳动力就业而言，创新发展既是引领经济持续健康发展的动

力，也是促进就业和改善民生的良策。

1. 有助于提高社会要素生产力

目前，国家大力支持节能环保、生物技术、智能制造和新能源等新兴产业的发展，支持传统产业优化升级，是对地方企业创新发展的明确指导和有力支持。这些政策有着凝聚科学发展共识，推动形成创新机制，使加快产业转型升级和实施科技创新驱动，成为经济新常态的重要特征和基本趋势，不断提高各行各业的技术水平和管理水平，这是产业经济政策和管理制度创新的实质性内容。

2. 有助于增加对劳动力市场需求

实施创新驱动发展战略，是促进经济发展方式转变和产业结构优化升级的关键。这要求传统产业结构加快分化与裂变，孕育出更多新兴行业，从而不断改善企业产品与服务体系，为企业和经济的持续发展开辟更广阔的市场空间。随着新行业的兴起，各类企业对劳动力的需求也将刚性增长，进一步推动就业机会的增加。经济发展实践表明，真正持久且可持续的就业机会源于产业的不断创新。这种创新不仅要求企业积极追求技术进步和产品升级，还须通过创新发展的视角来优化劳动力市场的匹配机制，提升人力资源的配置效率。这样不仅能更好地满足企业的用人需求，同时也能有效推动就业率的提高。

3. 有助于改善企业人力资源结构

从企业人力资源结构的角度来看，创新发展和生产经营的转型是企业走向更高层次的必由之路。这种转型将促使企业调整人才结构，优化职工管理制度，进而实现资源能源和人力资源成本的节约，从而充分释放市场的内在潜力，大幅增强企业的核心竞争力。同时，随着创新发展的理念深入人心，企业对职工的技能素质也提出了更高的要求。因此，加强劳动者的职业教育和技能培训，优化劳动力供给，改善人力资源结构，成为企业适应创新发展需求、提升职工综合素质的必然选择。

4. 有助于推动灵活就业和自主创业

在产业创新的基础上，加强对灵活就业和新就业形态的支持，可以促进劳动者自主就业和自主创业，增加更多的就业机会。特别是基于互联网技术以及先进的组织人力资源管理水平，推进以更小的时间单位和更小的工作任务模块为基础的就业，可以极大地降低企业的人工成本和优化劳动力资源的配置，促进生产经营提高效益。

（二）实现创新发展当前需要解决的关键问题

现在社会发展日新月异，经常会出现以前没有见过的现象，经济领域也出现新的行业和产业，人们的需求也随之在不断发生变化。对此，必须有新的认识和新的思想准备。特别是在中国经济发展的新常态下推动创新发展和实现工业经济的绿色转型，需要进行深入调查研究，切实解决好以下三个问题。

首先，必须构建创新发展的社会共识，营造浓厚的创新氛围。创新是推动社会进步的核心动力。尽管在理论上，人们普遍认识到创新发展的重要性，但在实际操作中，创新发展的推动力仍显不足，缺乏必要的创新思维和有效的创新行动。尤其是当中国经济进入新常态，亟须将经济发展动力从要素驱动转向创新驱动。因此，需要加大宣传力度，深入普及创新发展理念，提升公众对社会发展资源的认知，确保创新发展理念成为广泛的社会共识，并真正落实到行动中去。

其次，必须重点提升企业家的思想认识，培养其创新能力。根据熊彼特的理论，企业家是创新的主体。在经济发展迈入新的历史阶段，对企业家的评价已不仅仅是看其经营和管理能力，更重要的是看其是否具备创新能力。因此，现代企业家需要不断加强学习和培训，全面提升自身的职业素质和创新能力。

最后，我们要优化市场发展环境，增强企业自主创新能力。在中国社会主义市场经济的背景下，必须妥善处理好市场机制决定和企业自主创新之间的关系。企业作为创新的主体，其自主创新活动具有显著的外部经济性，单纯依靠市场机制很难使创新活动达到社会需求的最优水平。因此，政府应发挥积极作用，加快地方创新体系建设，培育创新主体，激活创新资源，促进创新成果的转化，努力营造一个有利于自主创新的环境，形成对自主创新的有效激励，推动企业自主创新，从而推动经济建设的快速发展。

五、绿色发展对我国经济与就业问题的影响

绿色发展强调在促进我国经济发展的同时保护环境健康，维持生物多样性，

实现可持续战略目标。此外，对于经济发展与就业问题来说，绿色发展与工业绿色经济转型不仅推动社会经济持续发展，还有助于提高人们的生活质量以及就业率，成为国民产业经济政策与管理创新的主要内容。

坚持环境保护与生态修复的绿色发展，坚持可持续、生产发展、环境友好型社会，生成人与自然和谐发展现代化新格局。

（一）绿色发展促进社会经济与就业

良好的生态环境是最好的公共产品，是普惠的民生福祉。深入推进"生态优先、绿色发展"，将创新绿色发展体制机制作为深化生态文明体制改革的突破口，持续优化发展空间、节约集约利用资源、提升污染治理能力，把"绿色+"具体化、项目化、产业化，逐步在产业发展的新征程中，标注出一个醒目的绿色坐标。

1. 提高社会全要素生产率

从社会经济发展的角度出发，各地区政府应积极学习并推广先进的绿色发展方法和工业绿色经济转型策略，旨在凝聚科学发展的共识，推动产业结构的快速转型，并同步提升产业技术装备的先进性和企业管理的现代化水平。

2. 保护生态环境

绿色发展促成良性循环经济，实现环境保护、资源节约，提高企业综合实力与职业健康，诠释科学技术是第一生产力的理念。重视人才资源节约，企业遵循节能降耗、降本增效目标，主动融入国际国内经济发展与市场竞争，提高社会形象与社会满意度。

3. 满足人力资源市场需求

市场容量分析显示，工业经济的绿色转型与绿色发展推动了经济发展模式与产业结构的变化。这一过程中，经济资源和能源结构得到了优化，传统产业结构在多元化发展的推动下，孕育出了众多新兴产业、企业以及更为完善的产品服务体系。不仅进一步拓展了市场空间，还更加精准地满足了市场的需求。

4. 人力资本重组

从人力资本生产要素的角度来看，绿色发展不仅促进了企业结构的优化重组和人力资源管理的改进，还有效地降低了对人力资本的直接投入，从而显著增强了企业的综合实力。与此同时，绿色发展对职工的专业水平也提出了更高的标准，要求企业必须在内部进行统筹协调，更加重视并投入资源于劳动者的职业教育和专业技能的提升，以满足绿色发展要求。

（二）绿色发展对就业的影响

绿色发展在促进社会经济的同时，一些新兴产业涌现出来，对冗余产能与技术落后的行业产生了一定影响，如劳动密集型产业与市场就业。

1. 加强环保与职业健康管理

企业履行对利益相关者的社会职责，如对政策行政执法的回应，满足环保要求，增加企业安全生产与职业健康经济投入。加大环境污染治理力度，企业存在产能过剩、技术滞后问题，对企业经营发展造成影响。创建和谐劳动法律环境、倾向民生政策等进一步推动了经济社会发展，提高中小企业市场准入门槛，降低经济效益，市场空间有待进一步扩大。

2. 营造和谐经营环境

现如今，中小企业在市场竞争中并不占据优势。因此，当务之急是政府加强经济整治。中小企业面临融资难、生命周期短、技术水平低的问题，先期投入的资源能源可能会因为管理决策失误使得成本投入难以收回。政府营造和谐经营环境有利于促进市场公平竞争。

3. 推动职工共享改革深化

在取缔过剩产能和整治环境的过程中，劳动控制显得尤为关键。资本型与知识密集型企业的比例关系调整，以及传统行业劳动力市场供求关系的不稳定，都可能对职工特别是低劳动能力群体的基本生活产生影响。面对日益提高的就业门槛，相关单位需要积极与政府职能部门协作，共同优化国民素质教育和职业技能培训体系，对劳动者进行系统的职业技能培训，并提供必要的社会保障，确保职工转岗科学分配。

六、金融发展与就业增长

金融与就业关系研究对经济与社会发展具有重大的理论和现实意义。然而，综观现有金融发展与就业关系的研究文献不难发现，金融发展与就业增长关系的研究一直被隐含在金融发展与经济增长的研究之中。

金融系统作为现代经济体系的基石，不仅连接着国民经济的各个领域，还是实施宏观调控的关键工具。针对发展中国家的特定背景，如货币化程度低、金融市场滞后、金融机构效率不高以及政府主导金融发展的特点，金融抑制现象普遍存在。在此环境下，企业因缺乏资金注入而难以推动传统劳动密集型产业的发展，从而迫使农村剩余劳动力涌向城市。然而，城市主要聚焦于资本密集型产业，其劳动力需求有限，导致大量劳动力只能寻找低薪工作或面临失业困境。金融深化理论揭示了金融发展对就业的影响。随着利率的上升，投资者的资金成本也随之增加。在面对劳动力和资本、土地之间的替代选择时，资本价格的上涨往往会引导投资者转向劳动密集型企业进行投资，从而扩大就业规模。金融系统对就业的影响体现在多个方面：首先，金融发展直接促进了就业，即金融机构自身的发展创造了劳动需求；其次，金融发展也间接推动了就业增长，通过储蓄动员、贷款发放、提高储蓄—投资转化率以及支持企业发展等途径，金融系统促进了经济增长，从而间接促进了就业。在发展中国家中，劳动力资源丰富而资本相对稀缺。随着金融深化的推进，市场成为金融资源配置的主导力量，金融资产的实际收益率逐渐上升。这使投资者在追求利润最大化的过程中，更倾向于发展劳动密集型企业以替代资本密集型企业，从而增加了就业机会。金融深化通过提高资产收益率和降低实际利率，推动了金融产业及相关产业的发展，最终促进了就业市场的繁荣。

（一）金融产业的直接就业效应分析

"国家统计局数据显示，改革开放以来，我国金融产业增加值大幅增长，如果用金融产业对经济增长（金融业占 GDP 比重）的贡献率来衡量其直接贡献，那么金融行业已成为我国国民经济的支柱性行业之一。相对于其他一些行业，金融业吸纳的劳动力人口相对较多，特别是对经济、金融、计算机、通信、数学、管理等专业毕业的大学生需求旺盛，且随着金融市场的逐渐完善、金融机构的不断增多，特别是互联网金融各个分支行业的迅速发展，金融业就业吸纳能力将进一步增加，金融产业直接就业效应作用将不断强化。"①

（二）金融产业的间接就业效应

把就业增长作为经济增长的优先目标，必须从片面考察劳动供给或劳动需求问题转变到全面把握劳动供给和劳动需求相协调问题上来。实现经济增长条件下的劳动供需协调，即金融发展、技术进步、实际工资与劳动供需协调。

在追求劳动市场均衡的过程中，通常有三种策略可供选择：一是调整劳动供给曲线；二是调整劳动需求曲线；三是同时调整供给和需求曲线。然而，考虑到中国特有的庞大人口基数和劳动力供给的刚性特点，单纯通过调整供给曲线来实现市场均衡并不现实。从就业市场的供给端看，当前中国面临四大压力：全球经济下行导致的外需减少和周期性失业；农村富余劳动力向城市和非农产业的转移；经济结构和产业结构调整带来的结构性失业，如城镇下岗职工增多；以及大量大学毕业生涌入就业市场。1978 年前，由于户籍限制和农业耕作方式，就业问题并不明显。但1980 年后，随着劳动力市场的开放和农业技术进步，就业问题逐渐凸显。没有工作经验人员就业压力、农业耕作技术不断进步导致农业剩余劳动力增加、国企员工裁减，劳动供给急速增加，使就业问题凸显。"自然性失业""结构性失业"和"周期性失业"将长期共存。从就业市场的需求端看，近年来我国就业增长弹性呈下降趋势。因此，调整劳动需求曲线以实现供需协调变得更为可行。这一过程中，金融系统可以利用其信息优势，通过支持技术创新、新工艺的普及和符合国家就业导向的经济增长战略，为实体经济提供融资支持。金融创新和新金融产品的开发将特别有利于小微企业的发展，从而推动经济增长和就业增长。随着金融市场化进程的加快，金融机构在储蓄—投资转化中的效率将提高，这将增强企业的贷款可获得性，缓解金融压抑现象，并促进实际产出和就业的增加。为了高效配置金融资

① 高子涵. 论金融发展与就业增长 [J]. 中共中央党校学报，2017 (1)：124.

源，我国需要加快金融体制改革，减少行政干预，确保储蓄—投资的顺畅转化，这将对经济增长和就业增长产生积极影响。要实现劳动需求曲线向更高均衡点移动，国家需要制定符合就业导向的经济增长和产业调整战略。这一战略需要综合考虑金融发展、技术进步、经济增长和实际工资等多个因素。

随着供给侧结构性改革的不断深入，产业结构调整步伐的不断加快，第二产业就业人员不断向第三产业转移，小微企业逐步成为我国吸纳新增劳动力就业和第二产业劳动力再就业的主力军。随着金融结构逐步优化，大型金融机构支持大型企业发展，推动技术进步，淘汰低技能劳动者，而中小金融机构的增多满足了小微企业的多样化融资需求，特别是在国家供给侧结构性改革大背景下，借助"互联网+"发挥传统产业互联网化带动就业的作用，金融部门加大对第三产业（劳动密集型产业），特别是服务业和小微企业的支持力度，极大缓解了中小企业面临的融资约束水平。近年来，随着小额贷款公司、村镇银行、融资担保公司、民营银行等新型金融类企业的建立，我国金融结构与经济结构匹配度不断提高，劳动密集型企业融资需求可得性不断提升，带动中小微企业劳动需求不断增加，进而带动劳动供需协调率提高。

（三）进一步的思考：关注金融对就业增长的制约作用

在我国金融约束普遍存在的背景下，金融在推动就业增长方面发挥着直接和间接的积极作用。然而，也应警觉到，这种约束可能会抑制创新性强、具有巨大就业潜力的新企业的成长。特别是，留学归国人员和大学生创业群体在创业过程中，往往面临信贷资金匮乏的困境，这限制了他们的创业步伐和就业创造能力。此外，随着金融系统加大对高科技企业的支持力度，还应警惕短期内技术进步可能带来的"挤出效应"，即技术进步可能导致企业倒闭和失业增加。例如，沿海地区企业技术进步加速，导致对农民工的需求下降，引发大量失业现象。

在我国经济结构优化升级的过程中，短期内结构性失业问题将不可避免，如产能过剩行业的淘汰将产生大量失业工人。因此，金融机构在执行国家金融政策时，应避免盲目"抽贷"导致企业加速倒闭和工人失业。相反地，金融机构应针对企业差异，制定差异化的信贷政策，以支持产能过剩行业的转型升级。

●●● 第四节　就业规划对现代经济发展的促进

一、就业创业服务推动区域经济发展

在实体经济不断进步和发展的过程中，就业创业服务具有重要意义。在社会主义市场经济条件下，面对现阶段存在的人力资源过剩和就业岗位缺乏、特色资源丰富和创业开发不足、财力薄弱和创业就业意识薄弱、经济发展滞后和创业氛围不浓等矛盾，我国应该合理把握就业创业服务推动区域经济发展的策略，为促进国家经济的发展提供坚实的保障和基础。

（一）就业创业服务推动区域经济发展面临的现状

1. 人力资源过剩和就业岗位缺乏的矛盾

目前，人力资源过剩与就业岗位不足已成为制约区域经济发展的关键难题。这主要源于部分偏远地区耕地面积有限，而劳动人口相对过剩。加之经济体制的持续变革，许多就业人员面临失业和土地流失的问题。因此，迫切需要为失业人员创造更多的就业机会。此外，第三产业的发展基础相对薄弱，未能充分满足社会发展的需求，并且科技人才稀缺。在第三产业规模较小的背景下，难以为求职者提供足够的岗位。这种岗位供应不足与求职者数量庞大的矛盾，极大地阻碍了区域经济的健康发展和稳定运行。

2. 特色资源丰富和创业开发不足的矛盾

我国多地资源丰富，特别是油桃、草莓等农产品以及棉纺织资源，这些丰富的资源本应成为推动社会经济发展的强大动力。然而，遗憾的是，当前这些地区尚未建立起完善的就业创业服务体系，无法有效地通过现代化的农业发展模式和工业加工模式来充分利用这些资源。这不仅导致了资源的浪费，也削弱了这些资源应有的价值和作用。由于缺乏系统的开发和利用，这些地区尚未形成规模庞大、科技先进、加工精细的就业创业服务产业，在一定程度上严重制约了区域经

济的持续发展和进步。因此，特色资源丰富与创业开发力度不足之间的矛盾，已成为影响区域经济发展的一个不容忽视的问题。

3. 财力薄弱和创业就业意识薄弱的矛盾

我国许多地区经济发展相对滞后，缺乏足够的就业创业机会，不能为失业人员提供充足的就业岗位，这在一定程度上阻碍了区域经济的进一步发展。同时，这些地区往往财力有限，难以支撑经济的快速增长，也难以为就业和创业服务提供足够的空间。因此，许多家庭在创业和就业方面面临资金短缺的困境，难以建立相应的服务平台。在创业资金匮乏的情况下，人们抵抗创业就业风险的能力逐渐减弱，这不仅影响了他们的个人发展，也难以对区域经济的增长产生积极的推动作用。

4. 经济发展滞后和创业氛围不浓的矛盾

地理条件和自然条件会在一定程度上影响着区域经济的发展和进步，而且我国很多地区的自然条件恶劣，地理环境不利于就业创业服务的发展，影响了当地人们的就业创业发展观念。因此，环境问题也是制约人们就业创业并带动区域经济发展的一个重要因素。

（二）就业创业服务推动区域经济发展的策略

1. 做好回引工程，鼓励回乡创业

在我国关注劳动力培训和输出的过程中，不仅要建立相应的回引工程机制，还要把这项工程作为政府发挥职能的一个部分。在保障制度的基础上，培养出有计划、有组织、有针对性的劳务人员。在培训的过程中，注重劳务人员的观念、学习能力、就业创业水平等。同时，政府也应该积极鼓励劳务人员回家乡进行就业和创业。加大对创业者的政策支持力度，通过自主创业、集中创业和分散创业的形式不断优化就业创业形式和内容。从小城镇和社会主义新农村建设出发，通过就业创业服务推动区域经济的发展。

2. 增强外资吸引力，促进资源转化

在创建就业创业服务平台时可以有效运用网络、电视、报刊等媒介，对区域

中丰富的资源进行有效整合，制定出不同的宣传方式和手段。在充分运用区域资源的基础上，创建就业创业服务体系，建立相应的加工厂和平台。另外，通过吸引外资，保证资源的有效利用，让外资商户在区域稳固成长和扎根，创建绿色农业和绿色工业，在促进经济发展的前提下，为劳务人员提供更多的就业机会。

3. 发挥政府职能，培育就业创业服务环境

政府在推动区域经济发展中，尤其在就业创业服务领域，扮演着举足轻重的角色。政府有责任为劳务人员创造更优质的就业机会和就业环境。在市场经济的大潮中，政府不仅要履行其经济职能，还须特别关注为就业和创业人员营造良好的发展环境，这包括硬环境和软环境两个方面的投入。政府应当致力于完善基础设施，提升区域经济发展步伐。这些发展建设必须与国家经济发展的大方向保持高度一致。此外，在各部门的工作中，保障就业创业者的权益也是不可或缺的一环，政府应当为他们提供更加全面、优质的劳动保障服务。

4. 加强就业创业服务引导，转变就业观念

媒体宣传在塑造就业创业者观念、营造浓厚就业创业氛围方面起着重要作用。在引导就业创业服务过程中，应坚持全民参与、互惠共赢的原则。相关部门应大力弘扬就业创业精神，积极营造有利于就业创业的社会环境，以鼓励更多劳动者投身于就业和创业的行列。在这一过程中，融入艰苦奋斗的精神至关重要，它有助于转变人们的就业观和创业观，激发他们对就业和创业的兴趣与热情。同时，坚持以人为本的理念，尊重每一位劳动者的选择和努力，营造创业文化浓郁的社会氛围，为区域经济的发展提供坚实的人力资源支持和动力保障。

5. 提供就业创业金融支持，培养就业创业服务精英

自主创业无疑是推动就业的重要动力和源泉。政府应当在政策层面上提供补贴支持，确保自主创业者在起步阶段拥有足够的资金支持。具体来说，可以通过扩大小额贷款的范围和额度，为创业者提供更灵活和充足的资金支持。金融部门也应积极作为，简化贷款手续，降低创业者的融资门槛，使他们在资金获取上更加便捷。同时，建立专门的就业创业服务平台，为创业者提供"一站式"服务，帮助他们解决在创业过程中遇到的各种问题。在高校层面，通过设立创业基金，

可以从不同渠道筹集资金，用于支持和引导大学生的创业活动。这些基金不仅为创业精英提供资金支持，还能为他们提供创业指导和资源对接。此外，高校还应积极为毕业生提供就业创业机会，将人才与技术有效结合，推动区域经济的创新与发展。

6. 鼓励全民就业创业，大力发展区域经济

在诸多地区，民营经济的发展速度相对滞后，缺乏必要的发展条件。同时，一个地区的全面发展和进步，既需要大企业的引领，也离不开小企业的积极参与和融合。因此，构建一个全面、技术先进、规模适度的民营经济发展体系至关重要。为了实现这一目标，要在企业发展过程中，建立健全的企业发展制度和规范，以推动全民参与就业和创业活动，从而助力区域经济的蓬勃发展。通过创业带动就业，在科学发展观的指导下，鼓励全民积极投身于就业和创业的浪潮中。同时，为了更有效地促进区域经济的发展，还应建立相应的服务平台，为创业者提供必要的支持和帮助。因此，鼓励全民进行就业和创业是推动区域经济发展的重要战略之一。

二、基于就业导向的创业型经济发展

创业型经济是通过创业活动这一桥梁将科学技术转化为现实生活中的生产力，并以此推动企业发展的一种新的经济发展模式。与传统经济相比，创业型经济具有创新能力强、组织灵活、企业网络发达、规模小、灵活多变等优势。改革开放以后，我国出台了多项政策对各类毕业人才的创业给予支持，一些社会机构和组织也在大力推动创业型经济发展。为了积极有效地解决大中专毕业生、下岗职工和农民工等社会群体的就业和再就业问题，推动经济快速、稳定、健康发展，对创业型经济发展进行政策设计显得十分必要。

（一）阻碍创业型经济发展的政策问题

当前，我国的大学生数量越来越多，与此同时，国有企业改制过程中有大量工人下岗分流需要再就业，再加上城市化过程中大批农民工涌入城市寻找就业机会，这些因素综合作用之下，使我国的就业问题越来越严重。而能大量吸引社会

剩余劳动力就业的创业型经济由于发展中存在的进入、退出壁垒较多等政策性问题，导致发展活力不足，未能充分发挥就业的积极作用。原因主要表现在以下几个方面。

1. 创业进入、退出壁垒较多

随着我国从计划经济逐步转型为市场经济，虽然多数行业已放宽了市场准入条件，但在涉及国家经济核心利益的领域，国家依然保持着严格的准入政策。即便是对于那些已经放开的行业，企业注册所需资金、规模和项目等仍然有着复杂烦琐的规定，这些无疑对缺乏经验和资金的大学生创业者构成了很大的障碍。特别是在创业型企业寻求上市融资方面，创业板相较于其他板块，其上市要求更为严格。至于创业退出机制，尽管国家已对创业板企业制定了明确的上市和股票变现流程，但这一机制受到证监会的严格监管，对投资者资质有较高要求，且审批流程耗时较长，这在一定程度上限制了资金的快速流动和创业企业的灵活运作。

2. 创业教育、培训体系不健全

当前，国内的高等院校在人才培养上主要是以就业为导向，注重学生基础知识技能的培养，并不是创业型经济发展所要求的以创业为导向的人才培养模式。这主要是因为高等院校对学生创业的认识不足，一些院校甚至简单地将创业与创立企业对等，在这种情况下有很多高校没有设立与创业相关的课程，就是已经设立创业课程的院校，由于师资、资金等方面的限制，也存在创业知识结构单一、课程类型单一的问题，没有结合本校、本专业的实际情况，总结一套与实际创业相符的专业课程体系。在创业培训体系方面，虽然有的地方已经尝试开展面向下岗人员和农民工的社会创业培训活动，但是社会普遍化的、针对农民工和下岗人员的创业培训没有展开。

3. 技术支持力度有限

当前各级政府在区域内技术支持政策上，主要面向国有企业和大型企业集团。创业型经济虽然是以高新技术企业为主，但是由于规模较小，对区域内的就业和经济发展所起到的作用非常有限，因此，各级政府在对待创业型经济技术进步上，没有形成一个比较成熟的、可操作的支持政策，这些企业的技术创新只能依靠自己的力量，对国家的各类技术设施、技术发展资源只能是望而却步。技术支持政策不力，直接影响到创业型经济中企业的技术创新积极性，减缓了技术创新的步伐。

4. 创业融资难、渠道单一

针对创业者的资金需求，当前的融资政策存在显著问题，如程序烦琐、支持力度不足和融资渠道有限等。在中小企业贷款方面，各商业银行制定了严格的限制条件。例如，《国家开发银行重庆市分行中小企业贷款管理办法》中明确指出，中小企业贷款的单笔借款上限为3000万元，且贷款期限通常不超过三年，最长可延长至五年。这种限制主要是出于银行对创业投资风险性的考量，他们倾向于避免承担过高的贷款风险。在融资领域，由于国家对创业板上市企业的要求较高，上市融资对于初创中小企业而言并不现实。同时，风险投资公司和其他投资者在评估创业项目时，会重点考虑其市场潜力，并基于风险规避的考虑，往往难以为创业者提供足够的资金支持。即便有资金支持，也可能伴随着苛刻的条件和管理权限制，这无疑对创业型经济的活力形成了显著的制约。

5. 创业孵化和服务力度不够、形式单一

创业孵化和服务政策对于创业型经济的繁荣至关重要，它们构成了创业型经济发展的外部支撑环境。然而，在我国许多地区，这些政策并未得到充分的重视和实施。在税收、财政和工商等关键领域，政府并未给予创业者足够的支持，对本地创业型经济的发展构成了阻碍。创业孵化和服务政策的不完善，已成为制约我国当前创业型经济快速发展的一个关键因素。

(二) 基于就业导向的创业型经济发展的政策设计

就业导向的创业型经济发展的相关政策设计，要以解决困扰其发展的各种瓶颈为基础、以促进创业型经济发展为最终目的，采取针对性的措施以解决创业型经济发展中的各种阻碍问题为目的，进行相关的政策设计。

1. 进一步放宽创业进入和退出壁垒政策

首先，要打破行业垄断的现状。针对当前行政性垄断行业普遍存在的问题，

应当放宽市场准入条件，通过拆分、重组等手段引入市场竞争机制，允许中小企业参与行业发展，为它们提供更广阔的发展空间。同时，还应有针对性地降低部分行业的注册资本门槛，转而加强规范管理和完善退出机制，通过监管企业经营行为，以更低的门槛鼓励更多创业者积极参与创业活动。

其次，要改革现有的企业审批制度。具体而言，应简化初始审核流程，同时加强后续管理。各级政府应对企业审批项目进行细致的研究，以支持创业型经济发展为核心原则，持续减少不必要的程序和手续，降低中小企业的进入门槛。在后续管理中，积极运用检查、监督等手段强化管理，构建一套严格、科学、程序严密的后续管理制度。从"严进松管"转变为"宽进严管"与"管理与服务相结合"，引导中小企业实现可持续发展。

最后，建立灵活的退出机制。退出机制是创业投资者在创业企业发展成熟后，将所投资金从股权形式转化为资金形式的过程。针对我国当前创业板的发展现状，先要解决主板市场的规范问题，防止财务信息虚假、违规挪用资金等问题的出现。在此基础上，可以考虑构建多种灵活的退出机制，如创业投资者对外转让创业企业股权、由创业企业回购创业投资者股权等。同时，创业型经济中的企业破产机制也应纳入退出机制的范畴，通过简化破产程序，帮助投资者在投资失败后尽快回收资金，减少损失。

2. 继续改革和完善创业文化和创业教育政策

一是强化创业精神的培养。创业精神是创业者走上创业道路的思想动因。在我国，由于受到传统思想文化的影响，人们创业的意识并不是很强，很多人习惯找一个稳定的工作，慢慢地走向成功。这与我国的教育有很大的关系。这就要从教育入手，逐步发展创业教育使其成为贯穿小学到大学的正规化教育，在各级教育环节当中，设立相应的创业课程，培育和弘扬创业精神，使创业精神深深根植于创业者的脑海之中。要培养学生善于把握眼前细小机会的能力，并且将这种行为变成一种思维习惯，让学生敢于探索、勇于接受挑战和快速行动，造就他们开放的、合作的、善于组织协调的性格，为未来的创业行为奠定良好的基础。

二是构建与创业型经济发展相适应的创业教育课程培训体系。在高校建立系统化的创业教育课程体系，建立多渠道的创业实践基地，激发大学生的创业热情，鼓励更多的大学生成为真正的创新创业者。具体来说，在课程体系上要建立基础类课程与核心类课程相结合的体系模式，学校可以根据自己的情况，开设与创业有关的公共选修课程，如创业学基础、创造学基础等向全校的学生传授创新、创业的基础知识和方法，让每一位学生都认识到创业对一个人的重要意义，了解创业的过程和已经创业成功的典型案例。

三是加强对弱势群体的创业教育。大学生无疑是创业的主力军，但创业并不仅限于这一群体，社会各阶层的人们，特别是那些被称为"弱势群体"的下岗失业人员和农民工，同样具备创业的潜力和需求。由于这些群体在文化、技能上相对薄弱，面临较大的就业挑战，因此，如何激发他们的创业积极性、提升创业意识和能力，成为政府需要重视的问题。为此，政府可以在劳动力职业教育与培训中融入创业培训内容。在为农民工提供电工、焊工、汽修、家政等职业技能教育的同时，增加创业知识，确保他们不仅具备就业所需的技能，还拥有创业的基本素养。对于下岗人员，政府应更加注重创业意识的培养与提高。可以将创业意识培训与继续教育、专业培训紧密结合，通过开设短期创业课程、讲座和研讨会等形式，不仅提高他们的文化素养，更重要的是激发他们的创业意愿和动力。同时，利用现实生活中的成功案例，为他们树立榜样，鼓励他们勇敢迈出创业的步伐，通过创业实现再就业。

3. 强化创业型经济发展的技术支持政策

（1）加强财政和税收支持以促进创业发展。各级人民政府应根据地区实际，加大财政投入，扶持以创新为导向的机会型创业技术创新活动。通过实施优惠的税收政策、财政补助政策和科技扶持政策等，积极鼓励、支持和引导创业者在电子商务、工业设计、咨询服务、财务评估等现代服务业领域创业。同时，采用物质奖励与精神奖励相结合的方式，激励创业型企业不断追求知识更新、技术创新和体制创新。例如，可实施一定期限内的税收减免政策，对于市场潜力巨大的技术研发活动，政府可采取投资入股方式提供财政支持。对于区域内的重大科研成果，政府应设立奖励基金，并通过评选技术创新人才等方式，激发创业者的创新热情。

（2）强化创业知识产权的保护。对于创业型经济而言，技术资本至关重要，其在法律上体现为知识产权。若缺乏有效的知识产权保护机制，创业者难以通过知识产权获取收益，市场上大量仿制品将挤压其产品市场份额，最终削弱其创业动力。因此，国家须加大知识产权保护力度，严厉打击市场上的侵权行为，确保知识产权所有者的市场独占权。此外，国家还应完善知识产权交易市场，推动研发成果的转移和知识产权的保护，建立科技成果发布、查询、产业化机制，促进产学研紧密结合，形成全面、高效的创业信息服务网络，确保创业者能够凭借技术创新获得知识产权，进而通过知识产权的商业化应用实现经济收益。

4. 改善创业者的融资环境

一是充分发挥小额担保贷款在创业中的作用。小额担保贷款是目前各金融机构所推出的一款新的金融产品，这种贷款方式程序简单，贷款灵活还款方便，数额也比较多，在贷款担保方面比较灵活，可以提供财产抵押个人信用担保等形式。在创业型经济发展过程中，这一类的贷款可以满足企业对资金的急需，帮助企业渡过经营上的难关。现在来看，要想充分发挥小额担保贷款在创业中的作用，可在省、市、县建立小额担保贷款工作协调小组，由政府分管领导任组长，劳动保障、财政、银行等部门负责人为成员组建日常工作机构，完善协调督查机制。扩大小额担保贷款的扶持范围。将小额担保贷款扶持范围由原来的国有企业下岗失业人员扩大到自主创业的高校毕业生、返乡创业的农民工。创业项目除国家限制的行业外，均由就业资金提供相应的贴息。除此之外，对于中小企业可以采用知识产权抵押方式，提高中小企业的贷款额度，给予创业型经济发展最大的贷款支持。

二是不断拓宽融资渠道。创业型经济的发展不能仅依靠自筹资金、小额贷款、财政贴息等有限渠道，而是应该不断拓宽资金来源渠道，积极引进社会投资资金、民间融资等方式，解决中小企业创业过程中资金相对不足的问题。具体来说就是，以小额贷款为核心，辅以失业保险基金、再就业资金、商业贷款、创业基金、民间融资等筹资方式，构建一个多途径、多来源的资金来源体系，保证创业者在好的项目下有足够的资金进行创业。

5. 大力优化和完善创业孵化和服务政策

在推动创业型经济发展中，关键在于构建创业孵化基地，以实现对各类创业活动的统一管理和支持。这些基地应在政府的统一规划下，由政府或社会组织投资兴建，旨在区域经济发展中培育创业型企业。通过提供无偿或低价的生产、科研、经营场所，以及为进驻创业园的企业制定优惠的扶持政策和配套服务，创业孵化基地能显著降低创业成本和风险，提高创业成功率。这些基地将成为初创企业成长的摇篮，以及融合经营性和公益性的综合服务平台，为创业型经济的发展提供有力支持。为了更好地激发青年人才的创业活力，可以建立青年创新科技园，为他们提供财政、税收和管理上的全方位支持。以杭州青年科技人才创新示范园为例，该园区为符合条件的青年技术人才提供免费的住宿，并免收三年的管理费用，仅象征性收取房租。这样的优惠政策不仅吸引了大量创业人才入驻，还促进了产业集中，形成了强大的竞争优势。

总之，政府应发挥主导作用，不断完善相关政策，为创业型经济的发展创造一个充满活力和机遇的外部环境。这将极大地激发人们的创业热情，促进社会的充分就业，为我国经济的可持续、健康发展注入强劲动力。

三、以就业增收机制推动社区经济发展

通过大力发展社区经济，多渠道筹集资金，为社区成员提供公共经济保障和服务，扩大保障人群覆盖面，已成为推动全国构建和谐社会的动力。但目前社区经济保障财力严重不足，社会保障资金缺口很大，想通过常规方式由财政拨款和解决日趋增加的社区经济保障费用难度很大。所以，在"以人为本"的社区建设的基本理念基础上，强化社区经济的概念，树立社区经营的理念，为社区经济保障开拓空间，充分体现了"小政府、大社会"的观念。招商引资已经成为解决社区财力来源问题，提高社区经济发展水平，提供更好的就业服务质量的重要渠道。

（一）促进社区就业增收的举措

1. 发展税源型经济，实行税收增量比例返还制度

"社区挖掘和培育新的税源，为社区经济保障提供了有力的财力支援。社区可以通过大力发展服务业，充分发挥社区的地缘优势、功能优势、物流优势，大

力引进和创办商业、旅游、餐饮、娱乐等服务项目和专业市场。与大商业联合，建立连锁店；与大企业联合，充当经销商、代理商；与大农业联合，建立农副产品批发市场、绿色食品配送中心。充分利用社区资源优化组合，外引内联。以街道为单位，以目前提供的税收和财政下拨的经费为基数，将每年新增的创税部分按比例返还。搞活增量，同时也减轻了上级财政的压力，形成社区财力的良性循环。"①

2. 开发社区就业岗位，拓宽就业渠道

社区就业作为基层就业的重要组成部分，其管理和扶助须深入到每个基层社区。为此，强化基层社区的协调能力至关重要。构建一个坚实的社区发展基层平台和综合管理机制，是有效推动社区发展与基层就业的关键。具体而言，促进社区就业的社区综合管理机制的建立应涵盖以下几个方面。

首先，应由劳动部门或社区发展综合协调机构主导，成立一个由多个相关部门参与的社区就业办公室。这些办公室将负责社区就业的综合协调和政策衔接。

其次，基层街道和社区居委会应强化社区委员会在促进社区就业中的核心作用。通过加强咨询指导、综合管理和机构协调，确保各项资源在促进社区就业上得到统一、高效的利用。同时，应充分利用社区委员会在资源协调方面的优势，为社区就业提供更多支持。

再次，为了提升社区基层平台在促进就业方面的管理能力，应配备专业的工作人员，包括街道劳动保障工作人员和劳动服务管理人员。同时，加强社区就业管理的硬件建设，推动就业信息网络平台的构建，确保就业援助能够直达基层。

最后，在社区层面，应积极推动社区就业组织、协会、培训机构以及创业者联席会等社会组织的建设。这些组织将为社区就业和创业提供良好的社会环境。

3. 强化社区服务，发展社区服务产业

强化社区服务，增强社区经济发展的主导功能。以服务于社区居民为主旨发展社区经济，并通过社区经济的发展来支持社区的各项建设事业，从而达到社会

---

① 臧亚州. 试论我国城市社区就业存在的问题与对策 [J]. 辽宁行政学院学报, 2018 (15): 37-39.

与经济发展的和谐统一，是社区建设的发展方向和重要途径，也是社区经济发展的主导功能。

社区服务产业是指体现社区功能作用及工作内容的社区资源，是一种经营实体，即服务社区广大居民日常生活的经营形式。尽快将这些资源纳入社区统一管理的工作范围，整合发展社区服务产业，为居民提供服务的同时创造就业岗位，提供就业机会。

（二）以就业增收机制推动社区经济的展望

社区，作为城乡的基石，承载着每一位居民的日常生活和未来发展。近年来，随着下岗失业人员和剩余劳动力的增多，社区工作的焦点已逐渐转向为这些群体寻找就业机会。在新的时代背景下，社区建设不再满足于提供基本服务，而是需要借助现代理念，推动社区经济的繁荣与发展。沿海发达地区的成功范例为我们提供了宝贵的启示：他们的经济腾飞，最初也是以社区为起点，逐步发展壮大。因此，应借鉴这一经验，以社区为基石，积极扶持和发展社区经济，不仅有助于优化社区服务，提升居民生活质量，还能实现人人就业、企业增收的目标。

1. 从社区服务的角度

随着社会的产业结构不断转型和升级，农村剩余劳动力和城镇失业人员面临着巨大的就业压力。在这样的背景下，以服务为核心的社区经济成为吸纳农村进城务工者和城镇下岗失业人员的重要就业平台。通过积极吸纳这些就业人群，社区经济不仅获得了宝贵的人力资源，更为其注入了新的活力。优质的社区环境和周到的社区服务是招商引资的重要条件和关键吸引力。它们能够吸引各种形式的资金投资社区经济，从而推动社区经济不断壮大和发展。在资金注入的推动下，社区经济将朝着社会化、产业化的方向迈进，形成更加完善和多元化的经济体系。这种良性循环将促进社区经济的持续繁荣，同时也为居民提供更多的就业机会，实现社区与企业的共赢。

2. 从社区经济的角度

大都市社区经济，指的是在特定市域内，以最大化社区居民福利为核心目标，通过多元化的社会机制有效配置资源，并在成本与效益之间进行精准衡量，旨在满足社区居民日益增长的物质文化需求，涵盖了提供各种产品和服务。社区经济与社区居民的生产生活紧密相连，它依托于社区，以服务社区为宗旨而不断发展和壮大。正是社区居民的多样化需求，为大都市社区经济的繁荣提供了根本动力，也为社区企业的发展创造了广阔空间。

随着改革的持续深化和市场经济体制的逐步完善，税源经济在推动社区经济发展中扮演了越发重要的角色。通过不断提高社区服务的质量和效率，优化社区管理，以及加大社区建设力度，努力营造出一个和谐、宜居的社区环境，以吸引更多的投资者。同时，也要加大协税、护税的力度，确保税收任务的顺利完成，从而为社区的其他工作奠定坚实的物质基础。

3. 从社区经营的角度

社区经济是社区经营的基础条件。大力发展社区经济可以为社区经营提供可靠的物质保障，有助于满足社区居民的生活需要，而且它是扩大就业、安置社会劳动力的重要渠道，并发挥着服务社区和稳定社会的作用。社区经营可以为社区经济的发展创造良好的投资环境和发展条件，从而可以直接带动社区经济的发展。社区经营与社区经济是相互促进、协调运行的，为了推进社区经营必须发展社区经济，而要发展社区经济又需要通过社区经营为其创造良好环境。

四、核心竞争力视角下的就业能力与经济发展

就业核心竞争力是影响大学生就业质量的关键因素。毕业生就业质量的好坏在我国社会稳定、经济循环可持续发展中有着举足轻重的地位。因此，下文基于当前就业现状，通过探析大学生就业核心竞争力的内涵与特征，从社会学角度，提出大学生就业能力提升策略。

（一）核心竞争力的内涵与特征

1. 内涵

核心竞争力（Core Competencies）是指一个企业在经营过程中形成的并被企业拥有或控制的，可以持续产生独特竞争优势的资源与能力。大学生就业核心竞争力是立足于大学生群体，在自身一般能力基础上加以提炼和发展，由此形成独

有的，支撑大学生目前甚至将来的有效竞争优势，使大学生在特定的时间内永葆竞争优势的核心能力。

2. 特征

随着国家发展战略的重新定位，现今的就业机制已呈现出"市场主导、政府调控、学校引荐、学生与用人单位双向选择"的特色。当前，大学生的就业核心竞争力主要体现在他们是否拥有明确的职业目标、良好的就业心态以及适应岗位所需的实践能力。由于职位供给的紧张态势，用人单位对大学生的素质要求越发严苛，这些素质要求的核心特征可归纳为以下几点。

（1）系统性。大学生的就业核心竞争力是一个综合系统，它源于外部市场资源的有效利用以及大学生个人综合条件的充分发挥。这种优势不是单一因素的堆砌，而是经过整合、融合，最终形成系统化的竞争优势，并转化为实际价值。

（2）独特性。大学生的就业核心竞争力具有鲜明的排他性，即它是其他个体所不具备的特质。这种独特性体现在"人无我有，人有我优，人优我精"的层面，是大学生在当前和未来就业市场中保持竞争优势的关键。

（3）动态性。大学生的就业核心竞争力并非静止不变，而是随着时间、地点、行业、岗位以及个人情绪等内外部因素的变化而不断发展。因此，大学生需要不断地适应环境变化，调整自己的发展方向，积极寻找和创造新的就业核心竞争力，以更好地塑造和发展自己。

（二）影响因素

1. 微观环境

一是学生个体的直接因素。由于受到中学"填鸭式"教育和家庭教育影响，大学生忽视对基础知识和专业理论进行扎实学习，制约就业核心竞争力的培养和提高；对就业市场缺乏深度了解，对自身水平评估不够合理，往往对就业期望值偏高；同时受到固有观念的限制，创新创业思维受到局限，缺乏自主创业的勇气和决心。

二是高校人才的培养环境。高校制定人才培养方案没有切实与当前社会发展需求相对接，专业设置与社会需求存在结构性矛盾；高校学科专业建设与深化教育教学改革不够，"重理论，轻实践"的教学思想依然存在；第二课堂实践教学机会有限，创新创业教育体系仍不完善。

2. 中观环境

当前就业市场面临多重限制，其中最显著的是用人单位的强烈倾向性。许多企业倾向于提前将招聘范围局限在双一流高校，这无形中剥夺了其他高校学生的应聘机会。此外，部分企业在招聘时过于注重学历和分数，这可能导致将某些学生安置在与其能力不匹配的岗位上。更为遗憾的是，众多企业仍然局限于仅招聘大学毕业生，而忽略了与高校在人才培养过程中的深度合作，从而未能有效传达自身的需求和对人才的硬件要求。

3. 宏观环境

在当前的社会发展形势下，经济发展依然面临严峻挑战，这在一定程度上限制了社会对大学生的需求。社会职位资源与高校毕业生的就业人数之间存在显著的不匹配问题，就业总量的增加与结构性矛盾并存，形成了"双重压力"，给大学生的发展带来了严重的挑战。同时，社会上"啃老族"现象仍然普遍存在，大量劳动力未能有效融入劳动力市场，这不仅对个人产生了负面影响，也制约了经济的良性发展。

（三）提升策略

1. 个人努力是关键

首先，树立主动竞争意识，充分利用学校提供的资源，夯实知识基础；不断参加社会实践，培养实践能力。其次，树立符合习近平新时代中国特色社会主义思想的择业理念，把个人规划与社会实践相融合，把个人梦想与民族自强相联系。结合乡村振兴战略的大背景，到基层一线就业创业；投身于服务需求"大舞台"，到新兴领域就业创业，在个人成长中服务社会经济发展。

2. 高校培养是重点

一方面，高校应树立以服务学生学习与发展为核心的人才培养理念。实施基于"价值引导下的自主构建"理念下的新型的就业观教育。以能力培养为重点，加大社会实践的比重，着重开展实用性的训练，提高学生技能素质。另一方面，高校应以求职就业为导向，建立起大学生就业指导平台，开设职业生涯规划课程与讲座；加强专业能力的训练，建立学生与导师良好的沟通媒介。

3. 平台指引是支撑

首先，要充分挖掘和利用网络资源的巨大潜力，通过构建虚拟平台来打造大学生就业的新天地。这一过程中，新媒体将发挥关键作用，须及时发布最新的就业信息，确保用人单位与学生需求之间实现精准对接。其次，利用新媒体平台举办创业竞赛，搭建起大学生与"创业孵化器"及"大学生创业基地"之间的桥梁。这不仅有助于提升大学生的实践创新能力，也为他们提供了更多将创意转化为实际项目的机会。最后，以新媒体为媒介，组织模拟招聘活动。这样的活动旨在加强大学生的竞争意识，更好地适应激烈的就业市场。

4. 社会指导是保障

一方面，国家应当积极营造一个有利于高校毕业生自主创业的环境，旨在激发他们的能动性和创造性。通过设立创客空间、政府或民间基金等多种途径，为大学生提供全方位的帮助和支持。同时，国家还应引导高校进行教学改革，构建全面而系统的教育体系，并设立专门的自主创新创业学院，以打造更加完善的服务"新格局"和"新境界"，确保为大学生提供精准且有效的就业服务与支持。另一方面，企业应当紧密结合自身的用人需求，加强与高校在人才培养领域的合作。通过实施订单式联合培养模式，企业可以为大学生的职业发展提供明确的指导和宝贵的建议。此外，企业还应鼓励大学生将个人的学术成果和创新创业成果转化为知识产权。

第三章 就业指导与求职技巧分析

大学毕业生作为社会的新鲜血液，他们的就业选择不仅关乎个人未来，更是社会经济活力的直接体现。通过这一特殊群体的视角，能够更加直观地观察到现代经济发展对年青一代的影响，以及他们在面对就业与创业时的考量与决策过程。

第一节 就业心理准备与信息收集

一、就业心理准备

在求职择业中，不可避免地会遇到困难、挫折和冲突。这些挫折和冲突常常会引起各种心理问题，既不利于择业，也不利于身心健康，严重的甚至还会影响整个人生。解决这些心理问题的根本对策是学会心理调适，在遇到挫折和冲突时能够客观地分析自我与现实，有效地排除心理问题，从而使自己保持一种稳定而积极的心态。

（一）心理调适

心理调适是实现心理健康的手段。为了维护心理健康，我们应该了解并掌握心理调适的途径和方法，不断调整自身的心理状态，积极适应社会的变化，勇敢地迎接就业的挑战。

1. 建立心理调适意识

面对毕业之际，许多人都会思考社会为他们提供了哪些职业机会和选择。这些就业机会的多少往往受到外部环境的制约，而这些环境往往并不完全由个人意愿所左右。然而，与此同时，个人也需要自我反思，了解自己、调整自己，以便做出最佳的职业选择并迅速适应职业生活。这更多地是一个心理问题，是每个人可以通过自我努力来掌握的部分。

在求职过程中，一个常见的误区是，求职者往往过于关注那些无法完全控制的因素，而忽视了自己可以掌控的部分。为了顺利实现职业目标，求职者应当深入了解并分析自己的优势、劣势、兴趣和目标，而不是试图去控制那些无法掌控的外部因素。

在求职和选择职业的过程中，必须充分认识到心理调适的重要性，并自觉提高自我心理调适的能力。通过自身的努力，让自己保持积极的心态，以便更合理地选择职业，更顺利地进入职场，并健康地成长和发展。

2. 进行自我心理调适

面对激烈的就业竞争，从以下几个方面积极地进行自我心理调适，可以帮助消除心理紧张，促进心理平衡，保持良好的心态。

（1）正确认识和评价自我。正确认识和评价自我，是进行自我心理调适的基础，因为只有正确地认识和评价自我之后才能找到自我调适的立足点。正确认识和评价自我的方法主要有以下三种。

自我反省：自我反省，亦称作自我静思，是我们在面对生活中的种种矛盾和冲突时，采取的一种冷静而理智的自我审视方式。它要求我们深入思考自我、认知自我，进而评估自我，最终给自己准确定位。

社会比较：人作为社会性动物，无法脱离社会独立存在。为了更准确地认识并评价自我，需要借助社会这面镜子。首先，通过与身边条件、地位相近的人进行比较，可以更客观地认识自己的位置；其次，通过观察他人对我们的态度，可以间接地了解自己在社会中的形象；最后，通过参与社会活动并分析其结果，可以在客观的评价尺度中找到自我定位。

心理测验：心理测验是心理学领域中的一种重要工具，用于测量和评估人的心理状态和特性。心理测验的类型多种多样，涵盖了智力、人格、能力等方面。在进行心理测验时，为了确保准确性和可靠性，建议选择由心理学专家编制的标准化量表，并在专业指导下使用。

（2）心理调适的方法。心理调适的方法有以下几种。

自我转化：有些时候，不良情绪是不易控制的。这时，可以采取自我转化的方法，把自己的情感和精力转移到其他活动中去，如学习一种新知识、新技能，参加自己感兴趣的活动，利用假期去旅游等，避免沉浸在不良情绪中，以保持心理平衡。

自我适度宣泄：因挫折造成焦虑和紧张时，消除不良情绪的最简单方法莫过于"宣泄"。切忌把不良情绪强压于心底，忧虑隐藏得越久，受到的伤害就越大。较妥善的办法是向朋友等自己信任的人倾诉，一吐为快，甚至可以痛哭一场，把痛苦全部宣泄出来；也可以去打球、爬山、参加大运动量的活动，宣泄情绪。宣泄一定要注意场合、身份、气氛，注意适度，应是无破坏性的。

自我安慰：择业中遇到困难和挫折，如果自己已尽力仍无法改变，就要说服自己作适当让步，不必苛求，找一个自己可以接受的理由让自己保持内心的平静，承认并接受现实，以保持心理平衡。

松弛练习：松弛练习，即放松练习，旨在教导个体在心理及身体上实现深度放松。通过实践这种方法，人们能够有效缓解或消除多种不良的身心症状，如焦虑、恐惧、紧张、心理冲突、失眠、血压上升和头痛等，并且效果显著。对于在求职过程中遇到类似心理困扰的求职者，建议在专业人士的指导下尝试进行松弛练习。

情绪理性化：情绪的产生受到个体理性和非理性观念的共同影响。其中，非理性观念常常是不良情绪产生的根源。为了消除这些不良情绪，关键在于将非理性观念转化为理性观念。例如，一些求职者在遭遇职业挫折时，可能会陷入沮丧或怨天尤人的状态。为了改善这种情况，需要首先识别并质疑这些非理性观念，通过对比理性与非理性观念下的内心感受，鼓励自己接受和转化到更为理性的思考方式，从而有效缓解和消除不良情绪。

（二）建立信心

当前，就业面临着严峻的形势，这就不可避免地给求职者带来了紧张和压力。为了更好地求职择业，需要克服紧张的心理，设法把自己从紧张的情绪中解脱出来。

1. 建立自信

自信，是求职成功的心理基础。缺乏自信，常常是性格软弱和事业不能成功的主要原因，也是推荐自我的最大心理障碍。

一般来说，缺乏自信的人多是性格内向、勤于反思而又敏感多疑的人。他们自尊心很强，但不懂得如何积极地获取自尊，为了追求一种不使自尊心受到伤害的安全感，为了不在别人面前暴露自己的弱点，不敢坦率地介绍自己，不敢大胆地推荐自己，这是低估自己的表现。而被别人轻视，也常常是由于自己的自卑和退避造成的。

在求职的征途上，许多求职者都渴望给对方留下深刻印象，但同时又常常质疑自己的能力和实力，对自己能否胜任工作心存疑虑。特别是在与陌生人交流时，这种不确定性常常导致他们感到迷茫和恐慌。然而，在如今人才济济的市场中，唯有那些充满自信、敢于竞争的人，才能牢牢把握求职成功的主动权。自信心的建立，首先源于对自我价值的深刻认识。求职者要看到自己的长处和优势，理解到每个人都有其独特之处，并非他人总是完美无缺，自己也并非一无是处。招聘者并非神秘莫测，他们同样是普通人，拥有各自的优点和缺点。认识到这一点，求职者就能减轻对面试的畏惧感。其次，不应过度关注自己的短处和缺点。每个人都有其独特之处，包括优点和缺点。在某些工作中，自己的"缺点"甚至可能成为优势。因此，应该多思考自己的优点和特长，并在求职过程中加以展示。这种积极的自我暗示，不仅有助于提升自信心，还能有效缓解紧张情绪。总而言之，坚定和自信是通往求职成功的关键。

2. 平复心情

许多人求职失败，并不是因为他们缺乏适应工作的能力，而是因为过度紧张使招聘者对其稳定性产生怀疑。因为面试不仅是了解求职者的知识和人品，更重要的是通过相互交谈来测试求职者的应变能力和处世能力。如果过度紧张，那么，求职者的能力、才华就无法展现，求职失败在所难免。

克服紧张情绪、平复心情可以采取以下措施。

（1）避免过分看重面试。若一直担忧面试失败而错失工作机会，这只会给自己的心理带来不必要的负担，加剧紧张感。在面试时，采取一种超脱的态度非常重要。记住这句话："即使面试不顺利，也不会失去一切，反而是一次宝贵的经验，更好的机会总会到来。胜败乃常事，不必过分介怀。"

（2）掌控话语节奏。掌握说话的节奏是减轻紧张感的一个有效方法。在紧张状态下，语速往往会加快，可能导致思维混乱和表达不清。这时，适当放慢语速有助于稳定情绪，使思路更加清晰、表达更加有条理。然而，放慢语速也要适度，避免过于拖沓。

（3）直面紧张情绪。在紧张情绪难以消解的情况下，可以坦率地向招聘方陈述："对不起，我此刻略感紧张。"通常，招聘方会对此表示理解，并可能提供慰藉，以协助个体恢复平静。对于求职者来说，坦诚地面对自身的紧张情绪，反而有助于其逐渐平复心绪，从而使紧张感得以消散。此种诚实的表现，不仅无损于个人的推介成效，反而能够彰显其真诚态度与对求职的深切热忱。

3. 大胆表达

羞怯是许多人都有过的一种普遍的情绪体验，主要是指由于性格内向或挫折引起过多地约束自己的言行，以致无法真实地表达自己情感的一种心理障碍。羞怯感强的人，在招聘者面前会感到有一种无形的压力，不敢正视对方的目光，缺乏表现自己的信心和勇气。面试时常出现脸红、冒汗、张口结舌、语无伦次等现象，对自己的神态举止和言谈过分敏感，生怕自己在别人面前失态出丑。越是害怕和检讨自己的言谈举止，就越无法恰当地控制自己的失态行为，反而会异常紧张，不自然的表情和行为通过反馈会更进一步增加了紧张心理，形成恶性循环。那么，怎样才能克服羞心理，大胆表达呢？增强自信心是最有效的途径之一。除此之外，还要注意以下几点。

（1）淡化他人的评价。羞怯的人常常害怕负面评价，这种恐惧阻碍了他们的自我表达和人际交往。然而，接受并正确看待他人的评论是成长的一部分。应将其视为提升自己的机会，而非心理负担。

（2）丰富个人的知识体系。拥有丰富的知识背景在面试和各类活动中至关重要。这包括专业知识、其他科学文化知识，以及面试礼节和自我推销的技巧。可以通过阅读求职相关书籍、与周围的同学和朋友交流来积累这些知识。

（3）练习自我控制。在面对紧张或羞怯情绪时，运用自我暗示法可以帮助我们恢复镇定。每当感觉不安时，告诉自己冷静下来，把面试官看作自己的朋友，这有助于减少羞怯感。心理学研究也表明，勇敢地迈出第一步后，接下来的表现将更加自然和流畅。

（4）积极寻求实践机会。为了克服羞怯心理，需要不断地锻炼和实践。可以从简单的场合开始，如先在熟人中模拟面试，逐渐提高难度和范围。参加各种人才交流会和毕业生供需见面会也是极好的锻炼机会。在每一次机会中，都要做好充分准备，以获得最佳效果。

4. 直面挫折

挫折是指个人在从事有目的的活动过程中遇到的干扰和障碍，致使动机不能实现时的情绪状态。失败者常感叹求职择业难。现实确实如此，就业竞争非常激烈，尤其是理想或热门的职业。但我们应当了解，职业理想的追求与实现，并不一定取决于职业本身。从中外众多伟大的科学家的成长过程可见，他们当初职业的起点往往并非那么理想。当然，从根本上说，一个人战胜挫折的能力绝不是一时的努力能培养出来的，它有赖于我们平日不断地增强自身修养，学会科学地认识、分析事物，特别是主动经受一些磨难、增加一些挫折经历。

（三）准确定位

就业是大学生人生的重大转折点，面对严峻的就业形势，求职者应客观地认识社会、认识自己，调整好自己的择业心态，做好充分的就业心理准备，积极地迎接竞争和挑战。

1. 正视现实

正视现实是择业必备的健康心态之一。正视现实包括两方面的内容，即正视社会和正视自身。

（1）正视社会。"现实是客观的，既有有利于自己的一面，也有不利于自己的一面。目前我国就业形势比较严峻，人才供需状况不平衡，边远地区、艰苦行业、基层和第一线急需人才；我国的毕业生就业市场还不规范，尚须进一步完善；用人单位对大学毕业生的要求也越来越严格。这些都是客观现实，我们应该面对这些现实，一切从实际出发，处理好理想与现实的关系。那种脱离社会、脱离现实、好高骛远、凭空臆想的做法都是不正确的，逃避社会、回避现实的想法更是不可取的。"①

（2）正视自身。理解他人固然是智慧，但深刻认识自己则更为难得。一个缺乏自我认知的人，难以将个人的主观追求与客观环境相匹配，从而难以选择真正适合自己的目标。因此，正视自我，首要任务是深入剖析自己，包括价值观、学术成就、能力特长以及身心健康等方面。通过全面的自我认识，我们能更清晰地定位自己，从而在面对生活中的挫折与挑战时，能够保持从容与坚定。

2. 勇于竞争、善于竞争

在激烈的就业竞争中，求职者要想取得胜利，既要勇于竞争，又要善于竞争。

（1）敢于面对竞争。要在求职择业中脱颖而出，首先要树立坚定的竞争意识。要敢于思考、敢于表达、敢于行动，拥有敢于领先于人的勇气。同时，求职者应当深入了解自己，包括专业背景、性格特质、兴趣爱好等，以便更好地发挥优势，避免短处。在竞争中，要凭借真实的能力和知识，避免不正当手段，并时刻准备面对失败和挫折。

（2）精于竞争之道。仅仅敢于竞争是不够的，还需要善于竞争。这涵盖了拥有优秀的心理素质、坚实的专业素养以及精湛的竞争技巧。在面试环节中，维持从容不迫的状态显得尤为重要，特别是要努力克服紧张和焦虑等负面情绪。同时，应保持端庄的仪态，语言表达须清晰流畅，并借助恰当的方式展现个人才能，以给用人单位留下深刻印象。唯有以稳定的心态迎接求职择业的挑战，方能在激烈的竞争中崭露头角，赢得最终的成功。

3. 化解心理压力

面对求职时的心理压力，我们要学会化解。

（1）灵活调整求职心态。求职者应持有对求职择业的正确认知。虽然求职择业是人生的重要时刻，但也需要看作一次多选项的平常过程，无须过于焦虑或过于期待。面对求职，应保持一颗平常心，既不过于自满于找到心仪的工作，也不

---

① 迟云平，陈翔磊. 就业指导 ［M］. 广州：华南理工大学出版社，2020：79.

因暂时未找到而沮丧。相反地，应运用智慧积极寻找机会，保持耐心和恒心，对求职择业保持持久的信心。

（2）有效自我减压。在求职过程中，被心仪的用人单位拒绝是常有的事，这可能会带来一定的挫折感和失落感。然而，这是求职过程中非常正常的现象。面对这种情况，求职者应更加积极地调整心态，深入反思求职失败的原因，找出自己的不足，并从中吸取经验教训。同时，改变求职策略，为下一次求职成功做好充分准备。

4. 调整期望值

面对严峻的就业形势，求职者要从以下几个方面合理调整自己的就业期望值。

（1）避免无谓的攀比。比较是人之常情，但盲目攀比只会带来不必要的嫉妒和痛苦。真正的比较应该是激励自己前进的动力，而不是在别人的拥有中寻找自己的不足。

（2）合理设定求职期望。求职者在选择工作时，期望值的高低直接影响他们的心态和行动。过高的期望往往伴随更大的失落感，增加心理压力。因此，在求职过程中，我们需要认清就业形势，正确评估自己的能力和价值，避免定位过高。这样做不仅可以减少人为提高就业难度的可能性，还能有效减轻求职过程中的压力。

二、就业信息的收集

在当今的知识经济时代，信息已成为一种不可或缺的宝贵资源。特别是在激烈的人才竞争中，能够迅速且有效地掌握更多、更精准的就业信息，对于求职者来说，无疑是获取竞争优势的关键。及时获取就业信息，不仅有助于减少求职的盲目性，还能显著提升求职者的就业成功率。

（一）就业信息的收集内容

就业信息的内容非常广泛，主要包括以下几个方面。

1. 就业的相关法律规则与政策

这主要是指国家和地方政府制定的有关就业方面的政策法规。大学生需要在国家就业方针、原则和政策所规定的范围内，根据个人的情况选择职业，必须清楚了解就业法规、法令，学会用法律保护自己。

2. 职业行业情况

职业行业情况包括典型职业的工作内容、任职要求、职业瓶颈及应对策略、产业行业结构等。从整体上了解社会职业状况，可以防止毕业生在择业过程中一窝蜂地将职业目标投向同一领域，也可以避免毕业生因为不了解职业的特点而盲目择业的情况。总之了解职业行业详情，无论对毕业生个人还是社会都是很有好处的。

3. 职业需求情况

职业需求概况涵盖了本年度毕业生的规模、用人单位的实际需求、当前市场上热门且紧缺的专业领域，以及不同地区的就业市场动态。在收集相关就业信息时，关键是要明确当前职业市场是供应过剩还是需求不足，并深入理解求职者与所申请职位之间的匹配度，以确保顺利实现就业目标。

4. 用人单位的基本情况

主要包括用人单位的名称、产权性质、主管部门、所属行业、组织结构以及用人单位的发展目标、整体规划、工作环境、企业文化等。

毕业生只有对用人单位的情况了解清楚后才能避免随意性和盲目性，增加择业的成功率。

5. 招聘岗位的具体情况、应聘条件、招聘环节

毕业生要了解所需专业人才的数量、具体工作岗位、岗位内容、工作条件、工作环境福利待遇及个人发展前景等方面的情况。

应聘条件包括学历、专业、性别、年龄、职业资格、身体状况、心理素质等方面的要求。毕业生在确定了具体的岗位目标后，要了解自己是否具备应聘条件。

招聘环节包括报名时间、地点、方式、应准备的材料和证件以及用人单位的

联系方式等。

总之，毕业生要学会全面了解就业方面的信息，合理使用有价值的信息。

（二）就业信息的收集原则

1. 真实性、准确性原则

在收集就业信息时，首要要求就是确保信息的真实性和准确性。这是因为就业信息的准确性直接关系到毕业生能否做出明智的决策。毕业生在寻求就业机会时，必须严格保证所获取信息的准确无误。只有真正了解和掌握用人单位对应聘者专业、层次等方面的具体要求，才能明确判断该岗位是否与个人背景相匹配，从而进行有针对性的准备。否则，可能白白浪费时间和精力。

2. 针对性、适用性原则

毕业生在收集就业信息时，必须首先明确自己的信息收集目的，确保收集过程具有明确的方向性和针对性。由于就业信息种类繁多、复杂多变，并非每一条都符合个人需求。因此，毕业生需要深入了解自己的专业背景、特长、能力和性格特点，从而明确自己所需就业信息的具体范围，做到有的放矢，增强就业信息的适用性。

3. 系统性、连续性原则

毕业生应该积极积累各类相关信息，通过加工和筛选，构建一个能够客观、系统地反映当前就业市场、政策和动向的就业信息系统。这个系统将成为他们进行信息分析和选择职业时的重要参考依据。同时，保持信息的连续性也至关重要。由于用人单位可能因部门调整等原因导致信息发生变化，因此，毕业生可以通过建立持续更新的电子就业信息库来确保信息的准确性。通过此信息库，他们可以根据原有信息重新发掘和更新数据，从而随时获取最新的就业信息。

4. 计划性、条理性原则

在收集就业信息时，毕业生首先要根据收集信息的目的制订收集计划，依据计划有重点地收集不同类型的企业、事业或公司的就业信息，避免盲目和混乱。同时，还要将收集来的就业信息进行归类，或以时间先后，或以地区不同，或以工资待遇等分类，做到就业信息的条理性，以便方便、快捷地使用这些就业信息。

5. 及时性、时效性原则

毕业生收集信息还要注意及时性、时效性。一般来说，只有早做准备，收集到的信息才能全面、系统。另外，还要注意就业信息的"时效性"，即要对收集到的信息进行及时处理。

（三）就业信息的搜索渠道

毕业生主要可以通过以下几个渠道收集就业的有关信息。

1. 学校就业指导中心

学校就业指导中心是毕业生获取求职信息的主要渠道，是连接学生与就业主管部门及用人单位的核心纽带。

通过学校就业指导部门获得的信息，一是针对性强，因为一般用人单位是在掌握了学校的专业设置、生源情况、教学质量等信息后，才向学校发出需求信息的，这些信息是完全针对该校应届毕业生的。二是可靠性高，为了对广大毕业生负责，在把用人单位发送给学校的需求信息公布给学生之前，学校就业指导部门要先对就业信息进行审核，从而保证了就业信息的可靠性。

2. 社会关系

在求职过程中，家人、亲戚、同学和朋友实际上是一种极具价值的资源，他们提供的信息不但相对可靠，而且针对性强、准确且直接。由于他们对求职者和用人单位都有较深的了解，因此他们的建议和推荐往往能切中要害。通常，当用人单位发布招聘信息后，会收到大量相似的求职信，这使得用人单位难以从中挑选出最合适的候选人。在这种情况下，如果有熟人或亲朋好友的推荐，无疑会提高求职者的竞争力，况且，许多用人单位更倾向于录用那些经过可靠人士介绍和推荐的求职者。

3. 就业服务机构和招聘会

就业服务机构是沟通用人单位和求职者的桥梁，是获取求职信息的可靠来源。可以通过他们发布的信息或组织的人才交流会、供需见面会等活动获取信息。在人才交流会上，毕业生还可以通过与用人单位直接见面获取更多信息，有时还可能当场拍板，比较简捷有效。

4. 相关的就业信息网络平台

通过互联网获得就业信息是毕业生在信息时代获取信息的一种高效、便捷的途径。网上求职不仅方便，而且也便于管理。因此，用人单位一般都习惯在互联网上发布招聘信息。求职者可以在任何一个地点非常方便地从网上查阅全国各地的招聘信息，与用人单位建立联系。但由于网络的虚拟性，毕业生通过网络获得的信息一定要验证其真实性，以防上当受骗。

5. 大众媒体

随着人才市场发展的加速，报纸、杂志、广播和电视等各类媒体对人才供需状况的报道日益增多。众多单位和组织借助这些媒体平台发布信息，展示企业现状、展望未来前景，并阐述对人才的需求。通过新闻媒体收集求职信息具有成本低廉、信息量丰富、选择机会多样等优势。然而，也应注意到这类信息的传播范围广泛，竞争尤为激烈，时效性强但成功率相对较低。同时，由于内容通常较为宽泛，求职者可能需要进一步深入了解具体情况。

6. 实习单位

实习单位往往是与毕业生所学专业紧密相关的单位。通过实习，毕业生不仅能够深入了解用人单位的运营情况和工作环境，同时也为用人单位提供了了解他们的机会。因此，一旦实习单位有意愿接收毕业生，他们通常会将熟悉的实习生作为优先考虑的对象。参与毕业实习、企业参观访问以及社会服务等实践活动，对毕业生来说，不仅是巩固所学知识、加深职业理解的好机会，还能让他们在第一时间内获取到用人单位的实际需求信息。

（四）就业信息的筛选和处理

在已收集到的大量的就业信息中，由于信息的来源和获得的方式不尽相同，内容必然是杂乱的，有相互矛盾的，也有虚假不实的。毕业生可结合自己的实际情况对获得的信息进行去粗取精、去伪存真的分析、筛选、整理、鉴别，取其精华，使信息具有准确性、全面性和有效性，能更好地为自己择业服务。在进行就业信息的筛选和处理的方法上要把握以下几点。

1. 对信息进行有针对性的比较选择

把那些得来或几经转达而未经证实的信息与有根有据的信息区别开。前者有待进一步证实，后者则可以作为自己择业的参考依据。当然，在对信息进行比较的过程中，要根据自己的性格、兴趣、特长来分析，看看自己与哪些信息更吻合，哪些单位对自己的发展更有利等。

2. 对信息按不同内容进行整理分类

就业信息不仅包括用人单位的需求信息，它涉及的范围很广，比如，关于就业方针、政策方面的信息，与自己所学专业有关的信息，关于需求人员的素质要求方面的信息等，都属于就业信息范畴。

3. 对信息进行详细分析

分析就业信息，即判断信息的真假、信息是否可为自己所用、信息所包含的具体内容等。

（1）真伪辨识与可信度分析。在评估信息真实性时，学校就业机构提供的信息往往具有较高的可信度，因为用人单位向学校提供的信息通常都有可靠的依据。然而，通过其他渠道获得的信息，由于可能受到时效性和广泛性的影响，需要进一步核实其真实性和可信度。

（2）信息有效度的评估。在判断信息的可用性时，我们需要考虑这些信息是否能够在我们的职业规划中发挥作用。例如，我们需要确认所获得的信息是否符合政策要求，以及信息中提到的对求职者素质的要求是否与我们自身条件相符。

（3）信息内容的详细分析。信息的内容涵盖了多个方面，如用人单位的性质、具体的工作要求以及可能存在的限定条件等。对这些内容进行深入的分析，有助于我们更全面地了解职位信息，从而做出更明智的求职决策。

4. 及时反馈

当收集到一条或更多的信息后，一定要赶快分析处理并及时向信息发出者反馈信息。只有及早准备，尽快出击，才能在人才市场的激烈竞争中争取主动。就业信息对毕业生来说十分宝贵，当获得准确有效的信息后若能及时分析反馈，则有助于在择业中做出正确选择。

（五）警惕就业陷阱

目前，由于我国人力资源市场建设滞后，学校的毕业生就业机制不够健全等因素影响，客观上助长了一些用人单位违法招聘并为毕业生求职就业设置各种陷阱的现象屡屡出现。此外，由于不少刚毕业的学生缺乏相关的求职经验，往往容易陷入一些不怀好意的单位或者个人设置的陷阱里。

1. 常见的各种就业陷阱

（1）招聘陷阱。招聘陷阱有招聘会不合法、变相收费、用招聘掩盖违法行为等。

一是识别"皮包公司"。"皮包公司"常利用虚假招聘广告骗取求职者的劳动和金钱，其隐蔽性高，不易被察觉。求职者可通过以下方式识别：第一，查看经营场所：如果招聘单位没有固定的经营地点，经常变换位置，那么它很可能是"皮包公司"。第二，观察员工稳定性：若公司员工流动性大，没有固定的办公地点，这也可能是"皮包公司"的特征。第三，核实产品真实性：如果招聘负责人声称有大量产品，但无法实际展示，那么这家单位很可能是"皮包公司"。第四，审视经营项目：如果公司的经营范围过于宽泛，涵盖各种行业，也可能表示它是"皮包公司"。

二是警惕"头衔美化"现象。一些招聘单位利用毕业生对高级职位的向往心理，将基层岗位包装成看似高级的职位，如"财务规划师""理财顾问"或"储备干部"等，以吸引求职者。这类现象背后往往是工作内容或薪酬不具吸引力，试图用"美名"来吸引廉价劳动力。

三是岗位薪酬的模糊定位。部分招聘单位在描述岗位薪酬时，采用年薪或模糊的大范围月薪，或在前面加上"优秀者"或"努力者"等条件。这类岗位多为销售岗位，且据调查，许多求职者因业绩不佳而在短时间内离职。因此，求职者面对这种情况时应慎重考虑。

四是泛化的招聘信息。有的招聘单位发布的招聘信息涵盖了几乎所有职位，除"董事长"和"总经理"外都在招人。这往往是为了营造公司规模大的假象，实际上可能只有少数岗位空缺。对于这类缺乏诚信的招聘单位，求职者应谨慎对待。

（2）中介陷阱。中介陷阱有收取高额的中介费用、外地非法中介机构或中介网络收取一定的费用却以种种理由推卸责任等。

第一，收取高额的中介费用。有的中介机构要求应聘者交纳大笔中介费后，却介绍给一大堆或不要人或不存在的单位。但应聘者知道上当也无法再要回中介费。

第二，外地非法中介机构或中介网络收取一定的费用，却以种种理由推卸责任。有些中介机构收到中介费后虽然介绍了单位，但用人单位的状况与求职者的要求相去甚远。

第三，非法中介机构之间相互串通，以大城市高薪就业落户等名义开展中介服务，收取不菲的中介费后将应聘者又介绍给外地中介，然后由外地中介找不法用人单位或私人小企业让求职者打零工，并将其户口、档案长期违法滞留，甚至使其丢失。

（3）协议陷阱。协议陷阱有口头承诺、不平等协议、就业协议代替劳动合同等。

口头承诺：口头承诺如果没有在协议书中白纸黑字予以体现，就没有法律约束力。一旦协议主体间发生矛盾，吃亏的一般都是求职者。

不平等协议：由于毕业生缺乏维权意识，在求职中又处于弱势地位，对不平等条款要么不知，要么不敢提出异议，使就业协议在某种程度上成为"霸王协议"。因此，在签订就业协议时，一定要慎防无保障协议、死协议、卖身协议等不平等协议。

就业协议代替劳动合同：有些用人单位以就业协议替代劳动合同，究其原因，是用人单位在就业协议中的许多约定不符合有关劳动法的规定，如果签订劳动合同，许多不合法的约定将不存在，难以实现对新聘人员的约束，不能达到其违法用工的目的。

（4）试用期陷阱。试用期陷阱包括有没有试用期、试用期或见习期过长等。

无试用期的问题：试用期是劳动合同中的一项重要约定，对双方都具有法律约束力。然而，一些用人单位在毕业生报到后直接签订劳动合同并要求其立即上岗，而不设试用期。当毕业生发现公司环境或待遇不尽如人意，想要寻找更好的机会时，才发现自己因缺乏试用期这一缓冲期而失去了原本应有的权利。此时，若单方面解除合同，往往须承担高额的违约金。

试用期或见习期过长的问题：值得注意的是，法律法规对见习期内的具体权利和义务尚未做出明确规定。在毕业生求职过程中，常出现见习期与试用期总期限过长的情况，有些甚至超过一年，长达两年之久。有的单位以员工处于见习期为由不签订正式劳动合同，甚至故意延长见习期。还有一些单位虽然在实质上与毕业生建立了劳动关系，但书面合同却标注为见习期协议。这些现象在现实中颇为普遍，值得广大毕业生提高警惕。

（5）培训陷阱。在毕业生求职就业的过程中，常常会看到一些培训机构混迹其中，不断给求职者介绍"高薪就业""保证就业"之类的机遇，殊不知其中陷阱重重。

首先，一些培训机构在收取了高额培训费后，未能履行"高薪就业"或"保证就业"的承诺，导致毕业生在完成培训后依然面临就业无门的困境。

其次，部分培训机构与不良用人单位勾结，利用毕业生的求职心理，以高薪培训为幌子，实则将他们推入位置偏远、待遇低下的企业或岗位，甚至在试用期便找借口解雇，严重损害了毕业生的权益。

再次，一些用人单位利用培训作为门槛，要求新员工必须通过特定机构的培训考核方可录用。然而，这些培训费用高昂，且能成功通过考核的毕业生寥寥无几。即便侥幸被录用，也往往会在见习期或试用期结束后以各种理由被解雇。

最后，还有一种情况值得警惕。一些用人单位在毕业生上岗前提出送其到培训机构进行所谓的"培训"，并要求签订长期劳动合同。若未能完成约定的服务期限，毕业生将面临巨额的违约金，甚至可能被扣押证件，导致失去自由。

（6）保证金、押金陷阱。按照国家有关法律规定，严禁招聘单位在求职者就业中收取费用，包括资料费、培训费、保证金、押金等。但在招聘中，很多毕业生还是经常被巧立名目索要各种费用。刚毕业的求职者一方面求职心切，另一方面缺乏相应的法律知识和自我保护意识，所以经常陷入此类陷阱。

（7）安全陷阱。刚毕业的求职者在求职时存在的种种问题给一些不法之徒提供了可乘之机，如果稍不留神就会受其所害。

一是需要警惕的是招聘过程中对方要求提供过多个人证件、签名或盖章。一旦毕业生在招聘中留下这些重要信息，他们可能会因此成为欠费、欠税、担保人等各种形式的债务人，甚至成为被敲诈勒索的目标。

二是要特别小心对方以各种名义索要费用，如办证费、资料费、报名费、劳保费、保险费等。无论对方如何巧舌如簧，只要坚守"未赚钱前不轻易花钱"的原则，就能避免落入对方的陷阱，使他们的如意算盘落空。

三是以招聘为名偷盗抢劫。"在面对陌生人物、地点或在可疑时间安排的面试时，务必保持高度谨慎，因为其中可能隐藏着多重陷阱，令人难以防范。应特别注意避免将手机、钥匙等贵重物品轻易交予他人，同时不可随意食用或饮用对方提供的食物和饮料，以防财产瞬间遭受损失。若对方为获取个人信息而持续进行冗长的面试，这可能意味着已陷入危险境地。他们可能会设置小陷阱引诱犯错，并以此为由提出高额索赔；或者，家人朋友可能收到虚假的车祸、病危等紧急通知，从而仓促将资金转入不法分子的账户。"[1]

四是工作性质不清、任务不明，但给出很高的薪资，这样的招聘单位很可能在从事一些非法活动，这时求职者就要非常留心，别让自己成为不法之徒的帮凶。

2. 就业陷阱的防范

面对各种招聘骗术，初出校园的毕业生在求职就业时一定要保持谨慎，提高警惕，以免上当受骗。

（1）在寻找招聘信息时，推荐选择信誉卓著的专业人才网站。许多教育部门的官方网站都设有招聘专栏，这些专栏由于经过严格审核，发布的招聘信息通常更为可靠。同时，大型的专业人才网站通常也设有完善的审查制度，能有效减少

---

① 景红芹. 就业与创业指导 ［M］. 武汉：华中师范大学出版社，2014：29.

欺诈行为的发生。相比之下，一些不知名的小网站可能存在违法招聘的风险，应谨慎对待。

（2）对于要求支付"报名费"或"考试费"等额外费用的网站，应保持高度警惕。按照正规程序，这些费用通常是不被允许收取的。在填写个人资料时，为保护个人隐私，建议不要公开详细住址和手机号码，只须提供电子邮箱即可。同时，对个人信息的披露应有所保留。

（3）在投递简历之前，务必对招聘单位的实际情况进行深入了解。可以通过应聘单位所在城市的熟人进行打听，或者通过工商部门、学校就业指导中心等官方渠道核实该单位的真实性。在复试阶段，更应积极通过各种渠道对应聘单位进行实地考察，了解其发展前景。在签订就业协议书或劳动合同时，务必详细注明双方约定的福利待遇、保险条款、食宿条件等关键内容，确保在出现纠纷时，有明确的依据可以维护自身权益。

此外，女性在求职过程中应格外注重个人安全。由于某些不法分子可能利用求职者的迫切心态和相对脆弱的安全意识，女性求职者尤其需要警惕。不法之徒有时会选择那些看似容易受骗、自我保护能力相对较弱的人作为目标。因此，女性在求职时若不加以注意，可能会不慎落入不法之徒或不良企业的圈套，轻者财产损失，重者可能遭遇更严重的危险，如被卷入传销或面临人身安全威胁。因此，女生在就业时一定要将安全放在第一位，思想上切不可麻痹大意，不可贪图钱财与享受，以免被引诱；行动上一定要细思慎想，以防掉入陷阱；具体环节上要步步为营，以杜绝授人把柄。

如果求职者在求职就业过程中意识到自己不慎受骗上当，应立即报警或向劳动局、劳动争议仲裁委员会、工商局等单位申诉。

●●● 第二节　求职材料的准备

求职前的各项准备工作对成功就业非常重要。收集与分析各种求职信息，有针对性地制作一份完美的求职材料是求职成功的"敲门砖"。

求职材料是指求职者将个人的求职资历、个人履历等与申请职位紧密相关的个人信息，经过分析整理并清晰、简要地表述出来的书面资料。其主要包括求职简历、自荐信、求职信、应聘表格、获奖证书、作品集、推荐信等。求职者通过求职材料，可以向招聘者明示自己的经历、经验、技能、成果等内容，是招聘者在阅读求职者求职申请后对其产生兴趣进而进一步决定是否给予录取的极重要的依据性材料。在求职材料的准备中，求职简历、自信和求职信具有非常重要的作用。

一、求职简历

（一）求职简历的内容

在撰写求职简历时，以下四大项是不可或缺的核心内容。

首先，个人基础信息部分必须清晰标注，涵盖姓名、性别、居住地址、邮政编码、联系电话和电子邮箱等关键信息。这些信息应置于简历首页的显眼位置，以确保招聘方能够迅速且有效地与求职者建立沟通。

其次，明确阐述求职者的职业目标或求职意向至关重要。此举有助于招聘方迅速把握求职者的职业规划，同时可结合个人信息部分进行展示，从而增强简历的简洁性与明确性。

再次，教育背景是反映求职者学术实力的重要板块。在该部分，应详尽列出学历、学位信息，包括获取时间、毕业院校及所学专业。特别是要将最高学历或学位突出显示，以充分彰显个人的学术造诣。

最后，工作经历与经验是评估求职者岗位匹配度的关键依据。此部分应详尽叙述过往工作经历，尤其是与申请职位紧密相关的实战经验。建议按照时间顺序由近及远进行排列，或将与职位最相关的工作经历置于前列，以便招聘方迅速把握求职者的职业履历与技能水平。

除上述四大核心内容外，求职者还可依据实际情况，适当补充诸如知识储备、专业技能、荣誉奖项等其他信息。

（二）求职简历的写作注意事项

写作求职简历应该做到以下几点。

（1）针对职位。可能求职者的资历非常丰富，但不要因此模糊个性和长处，如有必要可分别写作针对不同职位的求职简历。

（2）突出优势。要通过突出自己的优势来推销自己，最好把最能展示自己优势的内容放在第一页，以求醒目。

（3）客观真实。求职简历所列内容务必实事求是，任何虚假的内容都不要怀着侥幸心理写入求职简历。

（4）表述简洁。避免使用第一人称，要采用简洁的无主句式表达，尽量使用行为动词，少用形容词等修饰性语言。

（5）注重格式。不要把求职简历写成烦琐、保守的自传书信体或者封闭表格式，宜按内容采用清晰有序的板块列项式，另外也不要装订成有封面、目录封底等项目的书册式。

二、自荐信

写自荐信也是目前毕业生求职择业的一种比较常用的，也是非常主要的手段。写好自荐信，是敲开职业大门的第一个重要步骤。

一般来说，自荐信应包括以下几个方面的内容。

（1）介绍个人背景与求职动机：首先，简要概述基本个人信息，如姓名、学历、专业等。其次，明确说明自己是如何得知该职位招聘信息的，可以是网络、招聘会、朋友推荐等渠道。若无直接信息来源，但对该单位有浓厚兴趣并渴望加入，可坦诚表达自己对该公司的印象，以及希望在此工作的强烈意愿。

（2）展示自身匹配度：这是自荐信的关键部分。求职者需要详细说明自己为何适合这个职位，包括个人的专业知识、实践经验、专业技能以及个性特点等。特别要强调与职位需求相匹配的独特优势，让招聘者对自己产生深刻的印象。

（3）凸显个人潜力：除了现有的技能和经验，求职者还可以介绍自己过去在其他领域或项目中的表现，以展示个人潜在能力和未来可能的发展空间。例如，曾参与的社团活动、取得的奖项或特有的才艺等，都可以预示自己在所申请职位上的潜在价值。

（4）提供证明材料：在自荐信中，提及个人随信附上的相关材料，如学历证书、获奖证明、作品集等。这些材料可以进一步证明自己的能力和成就，给招聘者留下专业且周到的印象。

（5）表达面谈意愿：在信的结尾部分，明确表达本人希望得到回复，并热切期待有机会进行面谈。同时，提供详细联系方式，包括地址、邮政编码、电话号码以及最佳的联系时间，以便招聘者与自己取得联系。

三、求职信

（一）求职信和求职简历的区别

求职信和求职简历是最常见的两种求职材料。求职信是求职者向用人单位介绍自己、推销自己，并申请某具体职业岗位（或职业范围）的书面材料；求职简历是求职者说明个人基本情况、教育背景、工作经历以及成就的书面材料。两种求职材料都是求职者亮出个人特色吸引招聘者注意的自我推荐材料，但两者在格式、内容、技巧及功用等方面均有差别，一般不能互相取代，更不能互相混淆。从风格来看，求职信与求职简历截然不同，求职信是商业信函，与商家向客户发出的合作邀请一样，要求规范和专业，足以吸引用人单位这个"客户"的目光，说服其阅读自己的求职简历以获得就业机会；而求职简历类似推销个人的广告文稿，就像产品介绍一样，要能激起用人单位这个"客户"的购买欲望，说服用人单位给自己面试的机会。因此，求职简历可以一稿多投，而求职信必须量身定做。

在撰写求职信时，避免千篇一律至关重要。针对不同企业和职位，我们需要对内容和风格进行微调，以凸显与应聘职位的高度契合或接近性。我们的目标是让招聘经理在阅读求职信后，能够确信工作经历和综合素质正是他们所需，并期待通过简历进一步验证，从而安排面试。从某种程度上说，求职信不仅基于求职简历，更是对简历内容的综合提炼、补充和深化。例如，若欲彰显某些独特的技能或成就，求职信相较于简历而言，提供了更为灵活的空间，以便利用更具主观性的叙述对这些要点进行着重强调和补充。此外，简历往往受限于格式和篇幅，难以充分展现求职者的软技能，如吃苦耐劳，团队精神等。而在撰写求职信时，可以通过引入具体的项目经历和实例，详尽地展现个人的品质与能力，从而让招聘者能够更深入地认识到求职者的全面素质。

（二）求职信的撰写技巧

1. 简明扼要，有条理

应以简练的语言准确表达求职意愿及个人特质，避免使用华丽辞藻的堆砌。鉴于求职信的读者多为单位负责人，其时间宝贵，不会耗费过多时间阅读冗长文章。求职信并非展示文学才华的场所，因此建议使用平实、稳重的语气进行撰写。部分大学毕业生常试图以华丽时髦的辞藻来炫耀文采，然而此举往往适得其反，引发他人反感。故而，撰写求职信时应开门见山、言简意赅，避免陈词滥调与空洞言辞。求职信的价值不在于篇幅长短，而在于内容的精练与明确、语言的凝练与明快，以及篇幅的短小精悍。

2. 要有自信

先想好自我推销的计划再下笔。无论是从报纸上看到的招聘广告，还是从亲友那里得来的信息，都要说明自己的立场，以便能让收信者印象深刻，写开场白之前一定要深思熟虑，如果气势不足，一开始自然就没有吸引力。应按写一则新闻导语或是拟广告词的态度来对待。

3. 富有个性，不落俗套

书写一封求职信，正如精心策划一则广告，不拘泥于通俗写法，立意新颖以独特的语言及多元化的思考方式，给对方造成强烈的印象，引人注意，并挑起兴趣。一封求职信，无论内容多么完备，如果吸引不了对方的注意，则一切枉然；如果对方对自己的陈述不感兴趣，则前功尽弃。

4. 确定求职目标要实事求是

确定求职目标确实是一项需要深思熟虑的任务，它必须遵循人才市场的供求规律和竞争法则。在社会主义市场经济的大背景下，人才被视为一种特殊的"商品"，其价值受市场供求关系的影响。当市场上人才供不应求时，个人的价值可能会超出预期，形成卖方市场；而当人才供大于求时，个人的价值可能会降低，形成买方市场。理解这一规律对于求职至关重要。进入就业市场时，不能仅凭学历或主观期望，而应主动适应市场的运行机制和竞争法则。自己的"价格"或价值将由市场行情决定，因此在求职者众多的今天，过高的期望可能会让自己错失机会。明智的做法是顺应市场，灵活调整自己的求职期望。在参与竞争之前，首先要对自己有一个清晰的认识和评估，明确自己的能力和素质水平，然后选择与之匹配的职位进行挑战。这样，求职者才能在遵循市场供求规律和竞争法则的前提下，找准自己的定位，设定合理的目标，使求职信更具针对性，从而提高求职成功率。

5. 自我推销与谦虚应适当有度

撰写求职信实质上是一种自我推销的行为，其核心在于凸显个人的成就以及对目标单位的潜在价值。在此过程中，自我介绍环节必不可少，然而，如何介绍自己却需要一定的技巧。例如，若求职者希望在信中传达"具备开创新局面之能力"的信息，可以采用如下表述："我能够运用所学知识，构建一套崭新的管理计划，以提高企业的生产效率。"或者"我具备为企业进行形象设计的能力。"在中华文化中，谦虚被视为一种美德，适度的谦逊能够赢得他人的好感。然而，对于求职者而言，过度的谦虚反而会给人留下能力不足的印象。谦虚并不意味着自我否定，而是应当实事求是、恰如其分地展示个人实力。因此，在撰写求职信时，应遵循"适度推销"的原则，根据具体情况灵活调整自我介绍的策略。

6. 慎用简写词语和带"我"的字句

在书写求职信时，请避免使用简称来指代自己的学校或专业。尽管在日常交流中，这些简称可能已成为习惯，但用人单位的领导可能并不熟悉这些简称，这可能导致误解或混淆。使用全称不仅有助于确保信息的准确性，还能展现自己对待求职的认真态度。同时，在表达个人观点时，请务必审慎使用"我觉得""我看""我想""我认为"等表述。尽管这些词语有助于传达自己的观点，但过度使用或在不适当的语境中使用，可能会给用人单位留下自高自大或思想不成熟的印象。

7. 突出重点

"求职信要突出那些能引起对方兴趣、有助于获得工作的内容，主要包括专业知识、工作经验、自身特长和个性特点等。有一点要特别注意，即在介绍专业知识和学历时，切忌过分强调自己的学习成绩。刚出校园的大学毕业生容易产生一种错觉，以为社会上也和学校一样，重视学习成绩，认为只要学习成绩优秀就会谋到一份好职业，甚至为自己成绩全优而沾沾自喜，这是不成熟的表现，很容易导致求职失败。因为以自己的学习而夸夸其谈，只能给人以幼稚和书生气十足的感觉。而用人单位更重视的是经验和实际能力，所以不必过分强调知识和学历，而应重点突出工作经验和能力。"①

8. 建立联系，争取面试，淡化薪水

在撰写求职信时，建议避免直接提及具体的薪资要求。求职信的首要目标是与雇主建立联系，争取面试的机会。此时，讨论薪资还为时过早，因为在后续的面试和协商过程中，会有更恰当的时机来探讨薪资问题。同时，薪资并非选择职业的唯一因素或主要因素，而是应综合考虑个人发展、工作环境、公司文化等多方面因素。如果在面临两个职位选择时，其中一个薪资较低但更有利于长期发展，建议优先选择这一个。这样的选择在职场中屡见不鲜，因为它反映了求职者对职业发展的重视。在求职信的结尾部分，务必提醒雇主注意附带的详细求职简历，并恳请对方给予回复，以便进一步沟通，争取面试的机会。

9. 以情动人，以诚感人

写求职信也要有感情色彩、语言有情，会更有助于交流思想、传递信息、感动对方。

●●●● 第三节　求职笔试与面试技巧

一、笔试技巧

笔试主要适用于应试人数较多、需要考核的知识面较广或重点考核文字能力

---

① 张丽. 大学生就业与创业教程 ［M］. 武汉：武汉大学出版社，2017：28.

的情况。对大学生来说，都是身经百战，对笔试并不陌生。但应注意求职过程中的笔试与在校时的课程考试是有区别的，要引起足够的重视。

(一) 常见的笔试种类

1. 专业考试

专业考试的主要目的在于评估应聘者是否具备胜任某一职务所需的专业知识水平和相应的实践能力。这些考试题目通常高度专业化，例如，外资企业和外贸企业会对应聘者的外语能力进行测试，科研机构则会评估应聘者的科研能力，而公检法机关在选拔干部时会考查其法律知识。值得注意的是，这种考试形式正逐渐受到越来越多"热门"单位的青睐和应用。

2. 文化素质考试

文化素质考试是为了检验毕业生的实际文化素质，由用人单位给出范围或特定要求，通过让应聘者作文来考查其知识、思维、文字表达能力的一种笔试方式，考试的题目以灵活题型居多。比如，要求学生运用某一原理或某一历史知识，分析某一问题；要求学生应用某一专业知识，解决某一实际问题；等等。

3. 技能测试

技能测试是为了检验应聘者的实际工作能力或专业技术能力，这种考试往往针对特定的工作岗位来设计。比如，用人单位要招聘一名秘书，为了考查应聘者是否具有这方面的技能，可能会通过下面的题目来测试：自编一份请示报告和会议通知；听取 5 个人的发言，写一份评议报告；公司计划在 5 月赴日本考察，提出须做哪些准备工作；等等。

4. 论文笔试

论文笔试是一种评估求职者思维能力的方法，通过论述题或自由应答型试题的形式，检验其在分析、综合、比较、归纳、推理等方面的能力。这种测试形式的主要优势在于能够深入考查求职者的思考能力，从而揭示其思想认识的深度。由于论文笔试允许求职者自由表达观点，往往会产生多样化的答案，这种开放性使得测试更容易发掘出独特的人才。相比简单的测验题，论文笔试更能全面、准确地判断一个人的能力水平，要求求职者对问题的讨论必须深入且有独到的见解。

5. 心理测试

心理测试是用事先编制好的、用于测试被试者心理素质的标准化题表或问卷，要求被试者在一定时间内完成，根据完成的数量和质量来判断其心理水平或个性差异的方法。一些特殊的用人单位，常常以此来测试求职者的态度、兴趣、动机、智力、个性等心理素质。

6. 国家公务员录用考试

国家机关录用公务员，一律实行考试录用。

（二）笔试的准备

1. 了解笔试内容，做到心中有数

笔试的内容一般分为三种：文化考试、专业知识考试和专业技术能力考试。

文化考试旨在直接检验求职者的实际文化水平。尽管毕业生持有学校出具的学习成绩，但用人单位为更直观地了解毕业生的文化掌握程度，常采用笔试方式，并且题目多偏向灵活性。例如，文科毕业生可能需要运用某一原理或历史知识来分析特定问题，而理工科毕业生则可能需要运用专业知识解决实际问题。这种考试形式能有效评估毕业生的文化基础是否扎实，以及他们的文字表达能力水平。

专业知识考试则具有高度的专业性，针对不同行业或岗位有特定的考察要求。例如，外资企业在招聘时可能测试应聘者的外语能力，科研机构则注重考查动手能力，而国家机关在招聘公务员时则主要考察行政管理方面的知识。近年来，国家公务员考试的参与人数持续上升，这是一场面向社会的公开竞争性考试，旨在选拔非领导职务的公务员。对于具有大学本科及以上学历的应聘者，考试科目通常涵盖法律、政治、行政学、公文写作、英语及能力测试；而大专毕业生则主要考察法律、政治、行政学、公文写作及能力测试。

专业技术能力考试是为了检验毕业生实际工作能力或专业技术能力，这种考

试往往在特意设置的工作环境中进行。

2. 了解笔试重点，进行认真复习

复习已掌握的知识是笔试准备的关键环节。通常，笔试会有明确的考查范围和重点。因此，在参加笔试之前，深入了解这些范围和重点，并据此查阅相关书籍和资料，进行有针对性的复习至关重要。根据经验，用人单位在笔试中更侧重于考查常用的基础知识。因此，复习时应避免过分关注偏题和怪题，而应集中精力掌握基础知识，并注重其在实际问题中的应用。对于可能因时间久远而遗忘的部分内容，通过简短而有针对性的复习，可以迅速恢复记忆。值得注意的是，录用考试与日常学业考试存在显著区别。它较少涉及死记硬背的内容，而更侧重于考查应试者的反应速度和思维敏捷性。

3. 了解笔试目的，运用综合能力

对于求职者进行的笔试，不仅仅考查文化、专业知识，往往包括考核心理素质、办事效率、工作态度、修辞水平、思维方法等。其用意一方面考查知识掌握程度，另一方面考查应试能力。良好的笔试成绩来自平时的积累。在学校期间刻苦学习，并注意多方面了解社会信息，这样，在考试的时候就能信心十足、得心应手。这就要求，求职者应将自己的认识水平、知识水平和能力水平通过笔试能全面地显示出来。

4. 熟悉考试环境，做到有备无患

提前熟悉考场环境，有利于消除应试时的紧张心理，因为过度紧张会直接影响到个人水平的正常发挥。另外，还应看看考场注意事项，尽量按要求做好。除准备好必备的证件外，一些考试必备的文具（钢笔、橡皮等）也要准备齐全。

5. 保持良好的身心状态

求职笔试不同于高考。临考前，一要适当减轻思想负担，二要保持充足的睡眠，三要适当参加一些文体活动。从而使高度紧张的大脑得到放松休息，以充沛的精力去参加考试。最好在临近考试前不要服一些有催眠作用的药物，以免考场上发困，影响笔试的发挥。

（三）笔试的方法和技巧

1. 保持稳定的心态

笔试怯场现象，往往源于心态的不稳定和对自身能力的缺乏自信。为了克服这种心理，关键在于客观冷静地评估自己，并坚信自己的能力和潜力。与高考不同，应聘笔试并非"一锤定音"，而是给予求职者多次展现自己的机会。因此，在笔试过程中保持一个良好且稳定的心态，对于充分发挥自己的水平至关重要。

2. 要掌握科学的答卷方法

拿到试卷后，首先应进行整体浏览，以了解题目的数量和难易程度，从而合理规划答题的深度和速度。接下来，按照先易后难的原则，优先解答相对简单的题目，确保能够迅速且准确地完成，再逐渐攻克较难的题目。在答题过程中，要明确主要和次要任务的分配，防止在解决难题时消耗过多时间而错过解答简单题目的机会。同时，要记得留出足够的时间对易出错的部分进行复查，确保没有遗漏任何题目。值得注意的是，有时候在简答题上投入过多的精力，写了大量的内容，但对于论述题却准备不足，仅匆匆写了几句话。这种策略可能会导致自己的努力未能得到充分的体现，进而影响整体成绩。因此，在整体审视试卷的基础上，求职者需要聚焦那些重要的题目，用充分的时间和精力作答，充分展示知识储备和能力。

3. 特殊情况特殊处理

有时用人单位出的考题难度偏高或量过大，这时毕业生千万别慌张，不要失去信心，应该相信大家的水平相近。此时，谁的心理素质好，谁就会胜利。从这个意义上来讲，考试考的是综合素质。

4. 注意字迹、卷面和考场纪律

毕业生必须严格遵守规定的到场时间，切勿迟到。若有特殊情况不能如期参加考试，应尽早通知并请求延期考试。在答题过程中，务必保持字迹清晰、卷面整洁，给阅卷者留下良好的初步印象。因为对于毕业生笔试而言，招聘单位往往更看重求职者的态度和细致程度，而不仅仅是分数的高低。在考试期间，如遇不明之处，应举手示意并请求监考人员协助，切勿作弊或进行任何不当行为，这一点在用人单位眼中尤为重要。

（四）参加笔试应注意的问题

参加笔试时，还应注意以下一些细节。

1. 听从安排

在参加笔试时，应当严格按照监考人员的指示就座，不要自行选择座位，更不可抢占座位。若因特殊情况，发现座位对自己考试造成妨碍，需要调整时，请礼貌地向监考人员说明情况并请求理解。如果由于某些原因确实无法调换座位，也请理解监考人员在维持考场秩序上的难处。

2. 遵守规则

在落笔之前，一定要听清楚监考人员对试卷的说明，不要仓促作答，答卷时不要跑题、漏题或文不对题；更不能有不顾考场纪律、我行我素的行为，如未经许可携带手机等通信工具、擅自翻阅字典、使用"文曲星"等。

3. 写好姓名

做题前一定要先将自己的姓名等要求填写的个人情况写清楚，以免百密一疏，白白地做了一回"无名英雄"。

4. 不做小动作

防止一些可能被视作舞弊的行为或干扰考试的现象出现，如看别人的试卷、藏匿被考试单位禁止的参考材料、与旁人小声交谈等。另外，独自口中念念有词，把试卷来回翻得哗哗作响，用笔击打桌面，唉声叹气，抓耳挠腮，经常移动身体或椅子，显出烦躁不安等举动也是大忌。

二、面试技巧

面试是用人单位与求职者直接交流的一种考核方式，通过面对面的对话，不仅能够评估求职者的知识水平，深入了解其基本状况，还能直观地观察其表达能力、个人风度和应变能力等。

（一）面试的类型

面试的类型很多，常见的有以下五种。

1. 模式化面试

由主试人根据预先准备好的询问题目和有关细节，逐一发问。其目的是获得应试者全面、真实的材料，观察应试者的仪表、行为，以及沟通能力等。

2. 问题式面试

由主试人对应试者提出一个问题或一个计划，请应试者予以解决。其目的是考察应试者在特殊情况下的表现，以判断其分析问题和解决问题的能力。

3. 非引导性面试

主试人海阔天空地与应试者交谈，让应试者自由地发表意见，在闲聊中考察应试者的组织能力、知识面、谈吐和风度。

4. 压力式面试

主试人会有意地对应试者施加压力，通过就某一问题进行连续且深入的追问，不仅细节上穷追不舍，甚至可能有意让应试者感到不适或激怒。这种策略旨在观察应试者在突如其来的压力和挑战下，能否保持冷静并做出恰当的反应，从而评估其机智和应变能力。

5. 综合面试

主试人会采用多元化的方式对应试者进行全面评估。比如，通过外语会话来检验应试者的外语能力，要求应试者撰写一段文字以评估其文笔和书法水平，甚至可能让应试者实际操作打字机或计算机等。

以上是根据面试的种类划分的。在实际面试过程中，主试人往往根据其不同的要求，对应试者采取一种或几种面试的方法。

（二）学生在面试过程中应避免的错误

虽说在求职面试中，没人能保证一点不犯错误，可有些错误却是绝不可以犯的，否则将会失败，尤其是初次择业的毕业生，更须了解在面试过程中有哪些错误是一定要避免的。

1. 不善于打破沉默

当面试过程中气氛沉闷时，仅仅被动地等待主考官的提问可能会使自己感到不自在，并增加心理压力。相反地，如果能主动打破沉默，与面试官进行交流，将给面试官留下善于交际的良好印象。

2. 一味与面试官套近乎

通常情况下，面试官并不喜欢求职者过度搭讪或套近乎。面试前双方过于随意的交流可能会影响面试的正式性和效果，同时也有可能丢失个人修养和风度。

3. 夸夸其谈，自吹自擂

在介绍自己的特长和技能时，虽然需要突出重点，但应避免夸大其词或自我吹嘘。使用具体的例子和事实来支持自己的陈述会更有说服力。

4. 撒谎躲闪，不够诚实

面试官有时会出其不意地提出一些敏感问题，在求职者没有任何准备的薄弱领域单刀直入。如果此时躲躲闪闪，甚至临时编织谎言，而不是诚实坦率的正面回答，立刻会给人以不可靠的感觉，对求职者的人品打上问号。

5. 主动询问薪酬，过早"自报山门"

有些人在面试自我感觉不错的情况下，急于打探职位薪资待遇等情况，过早地报出工资的期望值，一旦要价远远高于企业的开价，人家就不会再考虑吸纳。

6. 没有明确的职业目标

对于"为什么要来应聘这个职位""为什么会对这家企业产生兴趣"等重要问题的回答，显得思路混乱或含糊不清，甚至哑口无言、不知所云。一个没有任何个人职业发展计划和工作思路的大学生，肯定是不受欢迎的。

7. 被动"受审"，不善提问

有些大学生在面试全程中表现得过于被动，仿佛被审讯的囚犯一般，只是机械地回答问题，紧张得难以自持。他们可能会在不合适的时机打断面试官的讲话，或者因为准备不足而在被提问时显得语无伦次。然而，一个精心准备且巧妙的问题，往往比简历上冗长的文字更能引起面试官的注意，甚至可能让他们对求职者刮目相看。

8. 语无伦次，狼狈退场

许多面试者在面试结束时往往感到慌乱，无法流畅地表达自己的想法。作为求职者，在面试结束之际，可以以礼貌而恰当的方式表达自己对所应聘职位的深入理解与浓厚兴趣，并感谢面试官的接待和对个人能力的认真考虑。这样做不仅体现了自己的专业素养，也展现了良好的个人修养和风度，更传递出自信。

（三）面试的准备

1. 深思熟虑，充分准备

对应试者来说，流利自如、文雅幽默的谈吐是面试成功的必备条件。学生在平时就要有意识地加强语言表达能力的训练，逐渐养成与陌生人自如交谈的习惯。多参加集体活动，课堂讨论大胆发言，都有助于语言表达能力的训练。在面试之前，准备一个简短的自我介绍腹稿是必要的，同时也应该就一些典型提问准备好答案。此外，进行适当的模拟面试训练，可能效果会更好。

2. 知己知彼，百战不殆

主考官的提问往往围绕招聘单位的实际需求和背景。因此，在面试前，深入了解招聘单位的背景信息至关重要，包括其性质、业务范围、发展历程等，这样可以使求职者在面试中更加胸有成竹。此外，明确了解具体岗位对知识技能的要求，将有助于求职者更准确地展示自身的专业特长和优势。例如，有一家沿海城市的家用电器公司，因其卓越的产品质量在国内外享有盛誉。当他们在北京招聘应届毕业生时，经常会问到一个问题："你对我们公司有何了解？"那些对公司了解甚少或完全不了解的求职者往往很快就会被淘汰，而那些对公司有深入了解和研究的毕业生则更受青睐。要做到这一点，确实需要求职者提前进行大量的调查研究和充分的准备。

3. 机智应变，从容应对

主考官往往将询问应试者的有关情况作为面试的切入点。这个问题看似简单，其实往往不是所有的人都能应付自如的。有时难免会在主考官出乎意料的询问下手足无措，张口结舌。面试中往往设置"情景"试题，以测试应试者的个性特征、办事效率和应变能力。这就要求应试者沉着冷静、不急不躁，正确机智地回答，充分展示自己的素质能力。

4. 仪表端庄，整洁大方

衣着整洁大方得体，能体现人的良好精神风貌和审美素养。以下是一些面试时的衣着小常识。

（1）选择适合场合的服装。首先要明确面试的行业和职位，然后选择与之匹配的服装。例如，如果是应聘金融、法律等严谨行业，应穿着正式的职业装；如果是创意、设计类职位，可以适当展现个性，但也要保持专业。

（2）颜色搭配。选择经典、稳重的颜色，如深蓝、黑色、灰色等，这些颜色能给人留下专业、可靠的印象。同时，避免过于花哨或鲜艳的颜色，以免分散面试官的注意力。

（3）整洁干净。无论选择何种服装，都要确保整洁干净，没有污渍、破损或异味。另外，要注意发型和面部清洁，不要留长指甲或涂抹过于浓重的化妆品。

（4）注意细节。细节决定成败。在面试前，要仔细检查自己的着装，包括领带、纽扣、鞋子等是否整洁完好。同时，要注意避免佩戴过多的饰品或过于复杂的配饰，以免给人留下不专业的印象。

（5）穿着舒适。虽然要注重仪表，但也要考虑穿着的舒适性。过于紧身或不合身的服装可能会让人在面试中感到不自在，影响发挥。因此，要选择既符合场合又穿着舒适的服装。

（6）避免过于随意。虽然有些公司或行业可能比较宽松，但面试时还是要避免穿着过于随意或休闲的服装，如牛仔裤、运动鞋等。这些服装可能会让面试官觉得求职者对这次面试不够重视。

（7）遵循传统。对于不确定的场合，遵循传统的着装规范通常是最安全的选择。男士可以选择西装、衬衫和领带，女士可以选择西装套裙或连衣裙。

（四）面试礼仪及技巧

1. 面试中的基本礼仪

（1）一旦和用人单位约好了面试时间，一定要提前 5~10 分钟到达面试地点，以表示诚意，给对方以诚信感，同时也可调整自己的心态，做一些简单的礼仪上的准备，以免仓促上阵、手忙脚乱。为了做到这一点一定要牢记面试的时间、地点，有条件时最好能提前去一趟，以免因一时找不到地方或途中延误而迟到。如果迟到会给招聘者留下不好的印象，甚至会丧失面试的机会。

（2）进入面试场合时不要紧张。如果门关着，应先敲门，得到允许后再进去；开关门动作要轻，以从容、自然为好；见面时要向招聘者主动打招呼问好致意，称呼应当得体；在用人单位没有邀请入座时，切勿急于落座；反之则应道声"谢谢"；坐下后保持良好体态；离去时应询问"还有什么要问的吗"，得到允许后应微笑起立，道谢并说"再见"。

（3）在面试中，对于用人单位的问题，务必逐一清晰回答。当对方为自己介绍情况时，请务必认真聆听，并在合适的时机点头示意或提出适当的问题来展示自己的理解和兴趣。在回应主试者的问题时，确保发音清晰、声音适中，内容应简练且完整。尽量避免打断主试者的提问或过早抢答，这可能会给人留下急躁、不礼貌的印象。若未听清问题，可礼貌地请求重复。当遇到无法回答的问题时，应如实说明，避免含糊其词或夸大其词，因为这可能导致面试失败。对于重复的问题，也应保持耐心，不要流露出不耐烦的情绪。

（4）在整场面试中，请保持举止文雅、大方得体，言谈间展现出谦虚谨慎的态度，同时保持积极热情的精神面貌。如果面试中有多位主试人，回答问题时，应将目光聚焦于提问者，并适时地环顾其他主试人，以表达对他们的尊重。在交谈时，眼睛应适时地注视对方，避免四处张望或显得心不在焉，也不要过于低垂眼皮，这可能会显得缺乏自信。避免与用人单位就某个问题激烈争辩，保持冷静和不卑不亢的风度更为明智。有时，用人单位可能会故意提出一些无理的问题来试探求职者的反应，此时请务必保持冷静，妥善处理，以免影响面试的整体效果。

2. 面试交谈的技巧

（1）答问技巧，主要包括以下几点。

第一，把握重点、条理清楚。一般情况下回答问题要结论在先，议论在后，先将意思表达清楚，然后再做叙述。

第二，讲清原委，避免抽象。招聘者提问是想了解求职者的具体情况切不可简单地仅以"是"或"否"作答，有时需要解释原因，有时则需要说明程度。

第三，确认提问，切忌答非所问。面试中，招聘者提出的问题过大，以致不知从何答起，或求职者对问题的意思不明白是常有的事。"你问的是不是这样一个问题……"将问题复述一遍，确认其内容，才会有的放矢不致南辕北辙、答非所问。

第四，讲完事实以后适时沉默，以保持最佳状态，好好思考自己的回答。

第五，冷静对待，宠辱不惊。招聘者中不乏刁钻古怪之人，可能故意挑衅、令人难堪。这不是"不怀好意"，而是一种战术提问，让求职者不明其意。故意提出不礼貌或令人难堪问题，其意在于"重创"应试者，考察求职者的"适应性"和"应变性"。若反唇相讥、恶语相对，就大错特错了。

第六，面试中坦诚为贵。当面对不熟悉、遗忘或不懂的问题时，切忌回避或牵强附会。诚实地承认自己的不足，会展现出自己的真诚和谦逊，赢得招聘者的好感和信任。在回答问题时，加入个人的见解和特色，因为主考官可能会多次询问类似的问题，只有独特的观点才能引起他们的兴趣。

第七，面对难题时的语言策略。在面试过程中，如果遇到特别棘手或难以直接回答的问题，可以采用一些策略来巧妙地"回避"，从而摆脱困境。例如，当被问及期望的薪资待遇时，求职者应该提前做好准备，明确自己的薪资范围，并了解该行业及公司的薪资水平。在回答时，可以给出一个薪资范围，而非具体的数字，除非对方明确要求。可以这样回答："薪资并不是我唯一考虑的因素，但我当然希望自己的薪资能够反映出我的学历水平和实践经验。基于我对市场和公司的了解，我希望年薪能在××万元至××万元的范围内。"这样的回答既表达了个人期望，又显示了自己的专业性和对市场的了解。

（2）发问技巧。面试时若招聘者问自己有没有问题时，可以适当问一些问题，并且应该把提问的重点放在招聘者的需求，以及自己如何能满足这些需求上。通过提问的方式进行自我推销是十分有效的，所提问题必须是紧扣工作任务、紧扣职责的。例如，应聘职位所涉及的责任，以及所面临的挑战；在这一职位上应该取得怎样的成果；该职位与所属部门的关系以及该部门与公司的关系；该职位具有代表性的工作任务是什么；等等。

（3）谈话技巧。因为招聘者对应聘者进行面试，就是要通过交谈捕捉应聘者是否有真才实学，是否具备良好的应变能力、推理能力和判断能力，以及为人处世的态度等自然流露的信息，因此如果不能将自己的素质通过谈话表现出来，就意味着面试的失败。在谈话时可以尝试用以下几种方式。

第一，展现机智与幽默。面试中，谈话风格至关重要。保持轻松自如的同时，适当融入幽默元素，特别是在遭遇难以应对的问题时，幽默能够彰显机智，化解尴尬，使自己在交流中占据主动。

第二，注重语音语调与用词。平缓流畅的语音，起伏有致的语调，以及恰当的语速，都能更好地传达自己的想法，给对方带来愉悦的听觉体验，留下深刻印象。同时，确保口齿清晰，语言流畅，用词文雅得体，避免口头禅和不文明语言。

第三，根据对方反应调整谈话。面试时间有限，因此务必抓住对方的注意力。根据对方的反应，灵活调整谈话内容和方式。例如，当对方心不在焉时，可能意味着对自己的话题不感兴趣，此时应适时转移话题；若对方侧耳细听，可能是音量过小，应适当提高音量；皱眉或摇头则可能表示不赞同，这时须适时调整自己的表达方式或内容。同时，避免啰唆和重复。

第四，坚持自我而不失灵活。在面试中，不必为了迎合对方而盲目点头称是，用人单位更青睐有主见的员工。因此，应明确表达自己的观点，但同时要讲究方式方法，避免固执己见或强词夺理。以理性和尊重的方式展现自己的"个性"。

第五，及时察觉并调整失误。面试中若感到自己表现不佳，务必保持冷静，不可失态。要有坚持到底的决心和勇气，对后续发言进行深思熟虑，及时调整补救，努力挽回不利局面。

面试过程中，如果发现自己说错了一些话，可等到双方都比较自在的时候再补救。承认自己一度比较紧张，有时反而能取得主动。

（4）交谈心态。作为应届毕业生初次参加面试，如何摆正自己的心态很大程度上关系着面试的成败。

首先，展示真实的自己。面试时切忌伪装和掩饰，一定要展现自己的真实实力和真正的性格。有些毕业生在面试时故意把自己塑造一番，比如明明很内向、不善言谈，面试时却拼命表现得很外向、健谈。这样的结果既不自然，很难逃过有经验的招聘者的眼睛，也不利于自身发展。即便是通过了面试，人力资源部门往往根据面试时的表现安排适合的职位这对个人的职业生涯也是有影响的。

其次，以平等的心态面对招聘者。面试时，如果能够以平等的心态对待招聘者，就能够克服紧张情绪。特别是在回答案例分析问题时，一定要抱着我是在和招聘者一起讨论这个问题的心态，而不是觉得他在考自己，这样就可能做出很多精彩论述。

最后，态度要坦诚。招聘者一般都认为，做人优于做事。所以，面试时求职者一定要诚实地回答问题。

（5）交谈原则。应聘者与招聘者交谈应该把握以下"四个度"的原则。

首先，展现高度，通过交谈充分展示自己的能力和水平。这包括本人的政治思想深度和对工作的敬业精神，尤其是专业水平。回答问题时，不仅要知其然，更要知其所以然。

其次，强化信度，用真诚的态度和话语赢得对方的信任。在交谈中，自身的态度应该诚恳，全神贯注，避免心不在焉。表达要准确，少用模棱两可的词语如"可能""也许""大概"等。同时，内容要真实，对自己的优缺点要有实事求是的态度，一分为二地进行分析。

再次，表现风度，通过言谈举止展示个人魅力。这既包括外在形象，也包括内在气质。而言语是自己的内在气质和涵养的体现，因此要注意用独特的语言魅力来展示自己。

最后，保持热度，以积极的态度和热情参与到交谈中。这包括主动问候，展现热情；精神饱满，展示活力；悉心聆听，体现出自己的尊重和专注。

3. 应试者手势运用的技巧

（1）表示关注的手势：在与他人进行沟通时，应确保肢体语言能够体现出对对方言语的专注与重视。此种关注之态度，不仅能让对方深切感受到被理解与尊重，更有助于推动双方交流之顺畅，进而促进良好关系之建立。在面试场合中，对此尤须加以重视。通常，双手交叉、身体微向前倾，是表达关注的常用手势。

（2）表示开放的手势：使用开放的手势可以向对方传达自己友好和接纳的态度。这种手势表现出自己愿意与对方建立深入的联系，并传达出自己的热情和自信。手心向上，两手向前伸出，与腹部平齐，是展现开放姿态的常见方式。

（3）表示自信的手势：当求职者对某个话题或回答有充分信心时，可以通过手势来强化这一点。一个有效的方法是伸出一只手，掌心向下，然后从左到右做一个大范围的环绕动作，这个动作就像用手"掌控"或"覆盖"了自己要表达的主题。

（4）表示强调的手势：在需要引起对方注意或强调某个重要观点时，可以使用特定的手势来强化话语。将食指和大拇指捏在一起是一种常见的强调手势，它能够让自己的话语更加有力，并帮助听者更好地抓住关键点。

4. 消除面试过度紧张的技巧

由于面试成功与否关系到求职者的前途，一些求职者在面试时往往容易产生紧张情绪。有些人可能由于过度紧张而导致面试失败，因此必须设法消除过度的紧张情绪。这里介绍几种消除过度紧张情绪的技巧，以供参考。

（1）面试前可翻阅一本轻松活泼、有趣的杂志书籍。这时阅读书刊可以转移注意力，调整情绪，克服面试时的怯场心理，避免等待时紧张、焦虑的情绪产生。

（2）面试过程中，注意控制谈话节奏。"进入考场致礼落座后，若感到紧张，先不要急于讲话，而应集中精力听完提问，再从容应对。一般来说，人们精神紧张的时候讲话会不自觉地加快，讲话速度过快既不利于对方听清讲话内容，又会给人一种慌张的感觉。讲话速度过快往往容易出错，甚至张口结舌，进而强化自己的紧张情绪，导致思维混乱。当然，讲话速度过慢，缺乏激情、气氛沉闷，也会使人生厌。为了避免这一点，一般开始谈话时可以有意识地放慢讲话速度，等自己进入状态后再适当调整语气和语速。这样，既可以稳定自己的紧张情绪，又可以扭转面试的沉闷气氛。"①

（3）在回答问题时，目光的聚焦点可以巧妙地选择在提问者的额头上。有些人可能会感到困惑，不知道在交流时应该将眼神投向何处。然而，根据经验，不稳定的目光或眼神游移容易给人留下不诚实或心不在焉的印象；而目光下垂则可能让人误以为自己缺乏自信。同时，持续直视对方的眼睛，虽然看似专注，但也可能被误解为过于挑战或显得桀骜不驯。因此，一个更为合适且有效的做法是，在面试时将目光主要集中在对方的额头上。这样做不仅能够给对方传达出诚恳和自信的态度，同时也能帮助自己保持冷静，减少紧张感。

第四节　就业流程与权益保护

一、就业流程

（一）派遣与改派

1. 派遣

派遣是指毕业生落实接收单位，学校为其出具就业报到证，并在其毕业后将其人事关系转入接收单位的就业形式。其中对于接收单位，要求其能够具备接收毕业生的资格。一般来说，要求用人单位能够解决毕业生的户口、档案问题（如果毕业生入学前户口未转入学校且落实的接收单位在其户口所在地，则不要求解决户口问题）。

毕业生派遣工作的程序如下。

（1）学校对毕业生资格进行审查，制定毕业生就业计划和方案，上报教育厅审核。

---

① 于江涛，王继友，胡发伟. 就业指导 [M]. 北京：北京理工大学出版社，2012：88.

（2）毕业生通过双选会、招聘会或其他方式，与用人单位达成就业意向后，双方须按照以下步骤办理相关手续：①毕业生须仔细并完整地填写就业协议书中的个人信息部分，并明确表达个人的应聘意愿和签署意见。②毕业生所在的学院将对其填写的协议书进行审核，若个人栏目内容填写完整无误，学院将在相关栏目内加盖公章。之后，学校就业指导中心将对协议内容进行进一步审核，并在确认无误后签字并加盖公章。③用人单位须完整填写协议书的相关栏目，包括签署接收意见并加盖其公司公章。④用人单位须进一步办理上级主管部门的相关手续，并在协议书上加盖上级主管部门的公章。⑤完成上述所有步骤后，毕业生须将一份已签署并加盖所有必要公章的就业协议书交回学校就业指导中心备案。

（3）学校就业指导中心对协议书进行审核登记，编制派遣方案，上报省教育厅就业指导中心审批，办理派遣。

（4）毕业生持报到证办理户口迁移并按时（就业报到时间为一个月，毕业生一定要在规定时间内到报到证上的单位报到备案，否则将会给自身带来麻烦）到用人单位报到。

2. 改派

"改派是指在学校上报就业方案和主管部门核发报到证后，进行单位及地区调整的一种做法。通俗地说，就是将派到原单位的就业报到证、户口迁移证和档案等人事关系重新派到新的用人单位或其上级人事主管部门。按照有关规定，调整改派应在毕业生自第一次派遣离校之日起的 1 年内进行，超过时间一般不予受理，因此，申请改派的毕业生应注意向学校提出申请的时间限制。为维护就业方案的严肃性，保证签订协议后各方的权益，毕业生派遣后原则上不得改派。"[①]

应届毕业生就业报到证的改派分为以下四种情况。

（1）对于在省、自治区、直辖市内就业的毕业生，若毕业后一年内需要在不同地市之间调整用人单位，须通过所在省份的主管毕业生调配部门进行审批，并由学校的就业指导中心统一办理改派手续。

---

① 战庆举，张成勇，焦建华. 就业与创业指导（双色版）［M］. 镇江：江苏大学出版社，2018：102.

（2）对于在同一地市内部需要调整用人单位的毕业生，须通过该地市的人事部门进行审批，并办理相应的改派手续。

（3）对于已经落实就业单位的毕业生，一旦超过了规定的办理期限（各地规定可能有所不同），将不再办理相关的调整改派手续。若须调整就业单位，须按照社会从业人员的相关规定进行办理。

（4）对于尚未落实就业单位，且在毕业时被派回生源地的毕业生，在择业期（一般为两年）内，可凭借已签约的协议书和原就业报到证，前往所在省份的主管毕业生调配部门办理改派手续。

（二）离校

毕业生完成学业，离开学校前要进行毕业鉴定，并办理必要的离校手续。

1. 毕业鉴定

毕业鉴定是指毕业生临近毕业时，通过回顾自己在校期间的德、智、体、能等综合情况的表现，为自己所做的准确、客观的评价和总结，以便在今后的学习、工作中取得更大进步。因此，毕业生应高度重视此项工作，要认真、实事求是地做好自我鉴定。

（1）毕业鉴定的内容。首先，关于思想道德素质，这包括毕业生对党的领导、党的路线、方针、政策的理解与认同，以及参与学校组织的思想政治教育活动的积极性；同时，评估其是否遵守国家法律法规和学校的规章制度，是否积极参与集体活动，团结同学，以及在社会实践中的表现等。其次，关于学习情况，毕业鉴定将全面考察毕业生的学习态度、学习自觉性以及学习成绩，特别关注其对专业知识的掌握程度；此外，还包括其在科研活动中的表现及创新能力。再次，在身心素质方面，鉴定将关注毕业生参与体育活动的频率、体育达标情况及体育特长，以及他们的身体健康和心理健康状况。最后，综合能力的评估将涵盖毕业生的专长和特点，以及他们的交际与沟通能力、对社会的认知和适应能力等。同时，毕业生还需诚实地指出自己存在的主要缺点、问题，并明确今后的努力方向。

（2）毕业鉴定的注意事项。毕业生进行毕业鉴定时应当注意以下事项：第一，要认真听取老师和同学们的意见；第二，要实事求是，不能有虚假内容，更不能满纸空话、套话，要使人看了鉴定如见其人，以便用人单位对毕业生有所了解；第三，态度要端正，字迹要工整；第四，奖励和处分都要写清楚，尤其是对处分切不可隐瞒。

2. 毕业生离校手续的办理

毕业生一般要在离校前一周左右办理离校手续，主要包括：

（1）到所在院系领取离校手续单。

（2）到校党团部门办理党团组织关系转递手续。

（3）到图书馆办理清缴图书及借书证等手续。如若将学校的图书损坏或丢失，应按照学校的有关规定予以赔偿。

（4）到财务部门进行费用核对、清退。

（5）到宿舍管理部门办理退宿手续，交还宿舍钥匙。如损坏宿舍内公物，应按照学校的有关规定予以赔偿。

（6）到教务部门交还借用的教学仪器和用具。

（7）对于享受国家助学贷款的毕业生，到贷款管理部门办理有关手续。

（8）领取毕业证、学位证、就业报到证和户口迁移证。

（三）报到

毕业生必须使用由省级毕业生就业主管部门统一审核、打印、签发的由教育部统一印制的就业报到证。就业报到证是毕业生就业报到的证明和公安部门办理落户手续的凭证。就业报到证一式两联，上联交由毕业生本人到单位报到之用，下联由学院归入毕业生档案之中。

1. 办理和领取就业报到证的程序

（1）就业报到证的办理：此证一般由学校统一处理，与省级毕业生就业主管部门协作进行，既有集中处理，也有分期分批处理的方式。对于毕业前已找到就业单位的毕业生，学校会统一为其向省级主管部门申请。若毕业生在国家规定的择业期内找到工作，只须按时提交就业协议给学校，学校将负责为其向省级部门定期申请。

（2）特定毕业生的就业报到证办理：针对选调到乡（镇）机关的优秀应届毕业生，须凭省委组织部的选调生录用通知书办理。而对于考取国家、省直机关公务员的毕业生，则须凭接收单位的国家公务员录用手续来办理。

（3）未就业毕业生的处理：毕业时仍未找到工作的毕业生，可以在国家规定的择业期内继续寻找，其间，档案和户口暂存于学校。他们也可以选择将就业报到证办理至生源地，进行自主择业。若择业期满仍未找到工作，学校将默认将其就业报到证办至生源地，便于其进行自主就业。

（4）特殊情况下的就业报到证办理：参与"三支一扶"或志愿服务西部的毕业生，在择业期内找到工作可直接到学校就业部门办理就业报到证。而出国的毕业生，在择业期满后若仍未能找到工作，须提前与学校联系，以便及时办理相关就业手续。

2. 毕业生报到的程序

毕业生在办理完所有离校手续后，即可持有关证件到用人单位报到。对大部分毕业生来说，这一阶段是就业工作的最后阶段，它主要包括报到手续的办理、用人单位接收和安排工作岗位、毕业生户口关系的迁转、毕业生学籍档案的转移等。

（1）用人单位接收毕业生报到的有关规定。国家对毕业生到用人单位报到的规定如下：毕业生持就业报到证到用人单位报到，用人单位凭就业报到证办理接收手续和户籍关系。毕业生报到后，用人单位应根据工作需要和毕业生所学专业及时安排工作岗位。

（2）毕业生到用人单位报到的注意事项。首先，仔细核查离校手续是否齐全，包括是否已经领取了就业报到证、户籍关系转移证明、党团关系转移函、毕业证书和学位证书等关键文件。同时，请认真核对这些材料上的信息，确保其准确无误。若发现有任何错误或遗漏，请及时向学校相关部门申请更正或补充，以免在后续报到过程中造成麻烦。其次，在前往用人单位报到的旅途中，请务必妥善保管好个人行李物品，特别是那些办理报到手续所需的材料。一旦遗失，补办这些材料将耗费大量时间和精力，并可能延误自己到用人单位报到的时间。再次，请务必在规定的报到期限内到达用人单位，并按时完成报到手续。如因特殊原因无法按时报到，请提前与用人单位取得联系，说明情况并征得他们的同意。最后，一旦完成报到手续，无论求职者是否处于试用期，都应严格遵守用人单位的各项规章制度，服从工作安排。

3. 几种特殊情况的处理

（1）结业生。结业生通常是指在校期间未按学校规定完成指定课程学分，不能获得毕业资格，只能由学校发给结业证的学生。结业生可由学校推荐或个人自荐，在择业期内落实了工作单位的可以办理就业报到手续，但必须在就业报到证上注明"结业生"字样；在择业期内没有落实就业单位的，由学校将其档案、户籍关系转到家庭所在地政府人事部门的人才交流中心，自谋职业。

（2）肄业生。肄业生是指具有正式学籍的学生未完成教学计划规定的课程而中途退学者（被开除学籍者除外）。肄业生由学校发给肄业证，但不办理就业报到证，其户籍关系转至入校前户籍所在地。

（3）离校前体检不合格的学生。为确保毕业生的健康状况符合工作要求，学校在派遣前会进行严谨的健康检查。对于无法坚持正常工作的毕业生，学校将建议其回家休养。若毕业生在一年内恢复健康（须学校指定的县级以上医院出具证明，确认其能胜任正常工作），则有机会随下一届毕业生一同参与就业；若一年后仍未康复或未获得用人单位的接收，其户籍关系和档案材料将转至家庭所在地，并按照社会待业人员的相关规定进行处理。

（4）提前修完学分的优秀学生。在实行学分制的学校中，对于少数优秀学生，若其提前修满规定学分并提出申请，经学校相关部门审核批准后，可提前毕业。此类学生的毕业情况须报省级毕业生就业主管部门批准，并纳入当年的毕业生就业计划。

（5）升学的毕业生。在择业期间，若毕业生参加了升学考试，应主动向用人单位说明情况。若最终未被录取，毕业生可继续前往该单位就业；若接到录取通知，毕业生须及时将录取结果告知用人单位，并征得其同意。若毕业生已办理就业手续，还须将就业报到证退还给学校的毕业生就业工作部门。

（四）人事代理

人事代理是指政府人事部门所属的人才交流机构本着充分尊重毕业生自主择

业的原则，高效、公正、负责地为各类毕业生解决在择业、就业中遇到的人事方面的有关问题，并提供以档案管理为基础的社会化人事管理与服务。人事代理工作由县（市）以上（含县市）政府人事部门所属的人才交流服务机构负责。

凡通过双向选择，已同外资企业、股份企业、乡镇企业、街区企业、私营企业、民办科技、教育、医疗机构、各种中介机构等非国有单位和实行聘用制的国有企、事业单位签订就业协议书的毕业生；择业期内暂未落实就业单位，目前正在择业的毕业生；准备复习升学的各类毕业生等，均应办理人事代理手续。

1. 人事代理的服务内容

（1）向毕业生提供人事法律、法规和政策方面的宣传咨询服务；

（2）为毕业生保管、整理人事档案及提供档案借阅、传递服务；

（3）负责档案工资的核定调整，工龄连续计算；

（4）为毕业生办理见习期满后的转正定级，专业技术职务资格评审；

（5）代办养老保险、失业保险、医疗保险等社会保险业务；

（6）负责管理毕业生的组织关系；

（7）为毕业生挂靠户口关系；

（8）负责接转毕业生的人事关系手续；

（9）为毕业生办理出国（出境）政审呈报手续；

（10）承办与人事管理相关的其他事宜。

2. 人事代理的作用

（1）确保毕业生权益得到充分保障：不同体制的单位在人事劳动政策上存在显著差异，当毕业生在不同体制单位间流动时，涉及的人事问题繁杂。人事代理业务能够有效地衔接毕业生的档案保存、工龄计算、社会保险接续、职称评定等关键事宜，确保毕业生在人才流动中的合法权益不受损害，实现从单位人向社会人的顺利过渡。

（2）为毕业生提供便捷的人事服务：人事代理机构能迅速处理与毕业生息息相关的各项福利及劳动人事事务，使毕业生能够专注于工作和学习，无须分心于烦琐的人事问题，从而减轻其负担。

（3）激发毕业生的工作积极性与独立性：通过人事代理机制，毕业生与单位之间的关系更加灵活，这种用人机制增强了毕业生的危机感和责任感，激励他们更加刻苦学习、努力工作，为单位创造更大的价值。

3. 人事代理的程序

根据毕业生的不同情况，毕业生人事代理手续办理程序也有所不同，具体程序分别是：

（1）已确定接收单位的毕业生：在择业期内，毕业生须将与接收单位签订的就业协议书提交至省、市人才交流中心进行审核。审核通过后，人才交流中心将签署人事代理意见。随后，毕业生将签署后的就业协议书提交给学校，由学校统一办理就业报到证和户口迁移证，并将档案转送至省、市人才交流中心。毕业生持相关材料（如就业报到证、户口迁移证等）到接收单位报到。若接收单位无集体户口，毕业生的户口可直接落户至省、市人才交流中心的集体户口。

（2）暂未确定接收单位或计划升学、出国的毕业生：在择业期内，此类毕业生可将就业协议书提交至省、市人才交流中心进行审核，并签署人事代理意见。之后，毕业生将协议书交至学校，由学校统一办理就业报到证、户口迁移证，并将档案转送至省、市人才交流中心。毕业生持所需材料（如就业报到证、户口迁移证、身份证等）到人才交流中心报到，并签订人事档案管理合同，其户口也将落户至省、市人才交流中心的集体户口。

（3）择业期满仍未找到接收单位的毕业生：对于这类毕业生，学校将把其报到证开具到生源地的人事部门。随后，由人事部门所属的人才交流中心负责接收并管理毕业生的人事关系，确保他们的就业权益得到妥善安排。

二、就业权益的维护

（一）毕业生就业的基本权利和义务

在校学生既要了解自己将来在就业与择业中的权利和义务，又要知道可以通过哪些途径来保护自己的权益。这样才能在自身合法权利得不到保障甚至受到侵犯时，知道如何采取正当渠道和方式来依法维护自身的合法权益。

1. 毕业生就业的基本权利

毕业生在就业时主要享有以下基本权利。

（1）接受就业指导权。接受就业指导是毕业生享有的基本权利之一，所以各学校应当安排专门的人员或机构对毕业生在择业、就业方面的技巧与法规、政策进行解读，指导学生根据国家政策、地方性法规、社会需求及个人情况准确定位，正确择业。

（2）获取就业信息权。就业信息是毕业生择业成功的前提和关键，只有获取了充分的就业信息，才能结合实际情况选择适合自身发展的用人单位。毕业生获取信息权包括以下三个方面的含义：①信息公开化、透明化，即所有的与就业招聘相关的信息都要向全体毕业生公开，学校与其他相关单位、个人都不得隐瞒、截留或更改信息。②信息传递要及时、有效，即传递给毕业生的所有信息都要及时、有效，不得是过期的无效信息。③信息要准确、全面。

（3）被推荐权。这是毕业生享有的基本权益。学校的一项重要职责就是向用人单位推荐本校毕业生。学校的推荐往往在较大的程度上影响到用人单位对毕业生的取舍，所以在推荐毕业生时，学校要做到公平、公正，实事求是地择优推荐，避免随意推荐、不负责任的推荐行为。

一是公正推荐，即学校对毕业生进行推荐时，要做到公平、公正，应给予每一位毕业生被推荐就业的机会。

二是如实推荐，即学校在推荐毕业生就业时，要做到实事求是，根据毕业生的实际情况向用人单位进行推荐，如实地评价毕业生在校的表现。

三是择优推荐，即学校应根据毕业生的在校表现，在公平、公正的基础上择优推荐。用人单位在录用毕业生时也应择优录取。

（4）自主选择权。《就业服务与就业管理规定》中的第六条规定："劳动者依法享有自主择业的权利。劳动者年满16周岁，有劳动能力且有就业愿望的，可凭本人身份证件，通过公共就业服务机构、职业中介机构介绍或直接联系用人单位等渠道求职。"毕业生只要符合就业方针与政策，可以自主选择就业单位，其他单位与个人均不得干涉，不得变相强加个人意志。任何将个人意志强加给毕业生、强令毕业生到某单位就业的行为都是侵犯毕业生自主选择权的行为。

（5）平等就业权。中华人民共和国劳动和社会保障部发布的《就业服务与就业管理规定》中的第四条规定："劳动者依法享有平等就业的权利。劳动者就业，不因民族、种族、性别、宗教信仰等不同而受歧视。"这一权利也受到《中华人民共和国宪法》和《中华人民共和国劳动合同法》（以下简称《劳动合同法》）的保护。也就是说，任何公民的就业权利和资格不应因其民族、种族、性别、宗教信仰等不同而受到限制。用人单位要在录用毕业生时做到公平、公正、一视同仁。

在劳动者的就业过程中，确保男女平等的就业权是至关重要的。除非是依据国家明确规定的不适宜女性的特定工种或岗位，否则用人单位不得仅因性别而拒绝录用女性，也不得提高对女性的录用标准。然而，尽管这一原则在理论上被广泛接受，但在现实生活中，就业平等权的实现却面临着诸多挑战。社会上普遍存在着各种形式的就业歧视，这些歧视包括但不限于性别歧视、身高歧视、年龄歧视、户籍歧视、民族与种族歧视，以及学历与经验歧视等。

（6）违约求偿权。毕业生、学校、用人单位三方签订就业协议后，或者毕业生与用人单位双方签订劳动合同后，合同当事人都应严格履行协议，任何一方不得擅自违约。如果用人单位无故违约，毕业生有权要求对方继续严格履行就业协议或者要求对方承担违约责任，支付违约金。

2. 毕业生的义务

我国劳动者的劳动权利和劳动义务是平等一致的。劳动者平等享受《劳动合同法》规定的权利，同时平等地承担《劳动合同法》规定的义务。

毕业生在就业过程中应当树立责、权、利统一的思想，形成权利与义务一致的观念。毕业生在就业阶段应该履行以下几项义务。

（1）回报国家与社会的责任。毕业生应当遵循"得之于社会、还之于社会、报之于社会"的原则，积极承担起回报国家、社会和家庭的责任。在职业选择过程中，当个人兴趣、爱好与特长与国家的需要发生冲突时，应优先考虑国家的需要，自觉服从并服务于国家的整体利益，选择前往祖国最需要的地方。

（2）诚信求职的义务。根据《就业服务与就业管理规定》第七条，毕业生在求职过程中有义务如实向用人单位提供个人信息，包括基本情况、与应聘岗位相关的知识技能、工作经历以及就业现状等，并出示相应的证明材料。毕业生不得夸大其词或弄虚作假，这是诚信做人的基本要求，也是作为求职者应尽的责任。

（3）按时报到的职责。毕业生在完成离校手续后，应按照与用人单位约定的时间，持"报到证"准时前往用人单位报到。普通中职毕业生的就业报到证，由省教育厅统一印制和发放，其效力与高校毕业生就业报到证相同。报到证不仅是到接收单位报到的凭证，还具有落实工作关系、编制、身份证明、户口及人事档案迁移等多项功能，同时也是保护和维护普通高校毕业生权益的重要文件，就业通知书更是个人档案中不可或缺的组成部分。

此外，毕业生在就业后也应履行相应的义务，主要有以下几点：应当完成用人单位规定的劳动任务；劳动者应当自觉地接受训练；应当自觉严格执行劳动安全规程；应当遵守劳动纪律和职业道德，并履行法律法规规定的其他义务。

劳动者的权利和义务与用人单位的权利和义务也是对等的。劳动者在保护自己的合法权益时，也需要尊重用人单位的合法权益。

（二）社会保险与住房公积金

社会保险和住房公积金是用人单位给予劳动者的几种保障性待遇的合成。

1. 社会保险

社会保险是国家通过立法的形式，由社会集中建立基金，以使劳动者在年老、患病、工伤、失业、生育等丧失劳动能力的情况下，能够获得国家和社会补偿和帮助的一种社会保障制度。它包括养老保险、医疗保险、失业保险、工伤保险和生育保险。其中养老保险、医疗保险和失业保险这三种保险是由企业和个人共同缴纳的保费，个人承担的费用从工资里扣除；工伤保险和生育保险完全由企业承担，个人不需要缴纳。需要强调的是，社会保险是法定的，用人单位给劳动者上保险是一个法定的义务。《中华人民共和国社会保险法》第八十四条规定："用人单位不办理社会保险登记的，由社会保险行政部门责令限期改正；逾期不改正的，对用人单位处应缴社会保险费数额一倍以上三倍以下的罚款，对其直接负责的主管人员和其他直接责任人员处五百元以上三千元以下的罚款。"

（1）养老保险。养老保险制度，是基于国家法律和法规设立的社会保险制度，其核心宗旨在于确保劳动者在达到法定退休年龄或因年老失去劳动能力退出职场后，能维持基本生活。这一制度包含了三层含义：

首先，养老保险的效用是在法定范围内的老年人完全或基本脱离社会劳动生活后自动触发的。这里的"完全"指的是劳动者与生产资料的完全脱离，而"基本"则意味着参与生产活动已不再是他们社会生活的主要内容。

其次，养老保险的主要目标是为老年人提供稳定可靠的生活来源，确保他们的基本生活需求得到满足。

最后，养老保险通过社会保险这一机制来实现其保障目标。作为一种普遍实行的社会保障制度，养老保险具有几个显著特点：第一，它由国家立法并强制执行，要求企业和个人必须参与，符合条件的人可以从社会保险部门领取养老金；第二，养老保险的费用通常由国家、企业和个人三方或双方共同承担，实现广泛的社会互助；第三，养老保险具有社会性，其影响广泛，享受者众多且持续时间较长，因此必须设立专门机构进行现代化、专业化和社会化的统一规划与管理。

需要说明的是，累计缴纳养老保险 15 年以上，并达到法定退休年龄，才可以享受养老保险待遇。

（2）医疗保险。医疗保险是为补偿疾病所带来的医疗费用的一种保险。医疗保险同其他类型的保险一样，也是以合同的方式预先向受疾病威胁的人收取医疗保险费，建立医疗保险基金；当被保险人患病并去医疗机构就诊而产生医疗费用后，由医疗保险机构给予一定的经济补偿。因此，医疗保险也具有保险的两大功能，即风险转移和补偿转移，也就是把个体身上由疾病风险所致的经济损失分摊给所有受同样风险威胁的成员，用集中起来的医疗保险基金来补偿由疾病所带来的经济损失。

（3）失业保险。失业保险是一项旨在确保失去工作的职工在失业期间获得经济援助的社会保险制度。根据我国的基本国情及国际惯例，这一制度由国家法律明确规定，通过设立失业保险基金来为失业人员提供必要的经济支持，以保障其基本生活需求。同时，失业保险还通过提供专业的培训和职业介绍等服务，为失业人员重新就业创造有利条件。

（4）工伤保险。工伤保险是指国家和社会为在生产、工作中遭受事故伤害和患职业性疾病的劳动者及亲属提供医疗救治、生活保障、经济补偿、医疗和职业康复等物质帮助的一种社会保障制度。

（5）生育保险。生育保险是通过国家立法规定，在劳动者因生育子女而导致劳动力暂时中断时，由国家和社会及时给予物质帮助的一项社会保险制度。我国生育保险待遇主要包括两项：一是生育津贴，用于保障女职工产假期间的基本生活需要；二是生育医疗待遇，用于保障女职工怀孕、分娩期间以及职工实施节育手术时的基本医疗保健需要。

2. 住房公积金

住房公积金，作为"五险一金"中的"一金"，是国家机关、国有企业、城镇集体企业、外商投资企业、城镇私营企业及其他城镇企业和事业单位为其在职职工所设立的一种长期住房储蓄制度。

住房公积金的构成包括两部分：一部分由职工所在单位负责缴存，另一部分由职工个人承担。职工个人的缴存部分由所在单位代为扣除，之后与单位缴存的部分一同存入职工的住房公积金个人账户。值得注意的是，职工和单位对于住房公积金的缴存比例均有一定的要求，这一比例通常不得低于职工上一年度月平均工资的5%。然而，由于不同城市的政策和经济状况存在差异，具体的缴存比例也会有所不同。

住房公积金的提取及使用要遵从一定的原则，有以下情形之一的可以提取职工住房公积金账户内的存储余额：①购买、建造、翻建、大修自住住房的；②离休、退休的；③完全丧失劳动能力，并与单位终止劳动关系的；④出境定居的；⑤偿还购房贷款本息的；⑥房租超出家庭工资收入规定比例的，依照第②、③、④项规定提取职工住房公积金的，应当同时注销职工住房公积金账户。

（三）就业权益的保护

1. 相关的法律政策

毕业生就业工作是一项政策性、时限性、操作性都比较强的工作。毕业生要学会依据国家有关就业法律、政策、规章来对自身的合法权益进行保护。与毕业生就业相关的法律、法规主要有《中华人民共和国劳动法》《中华人民共和国劳动合同法》《劳动保障监察条例》《违反和解除劳动合同的经济补偿办法》等。

2. 与就业协议有关的维权途径

当就业过程中出现一些侵害毕业生权益的行为时，毕业生可通过以下途径对自身权益实施保护。

（1）纠纷协商解决：毕业生与用人单位在就业协议书执行过程中如发生纠纷，应在自愿、平等的基础上寻求协商解决。

（2）学校权益保护：学校在毕业生权益保护方面发挥着直接且重要的作用。通过制定完善的就业指导与推荐措施，学校能够规范就业流程。一旦发现用人单位在招聘过程中存在不公平、不公正的行为，学校有权采取拒绝签署就业协议等措施，坚决维护毕业生的合法权益。

（3）行政、权力机关与媒体监督：当毕业生的合法权益受到侵害时，他们有权向当地行政部门（如劳动监察部门）或相关主管用人单位的行政机关（如工商行政管理局）提出投诉或举报。如果通过这些途径仍无法获得满意的处理结果，毕业生还有权依法向各级人民政府和人大常委会机关申诉。此外，毕业生还可以选择向新闻媒体披露真实情况，以寻求社会舆论的广泛关注和支持。

3. 就业后的维权途径

根据《中华人民共和国企业劳动争议处理条例》第六条规定："劳动争议发生后，当事人应当协商解决；不愿协商或者协商不成的，可以向本企业劳动争议调解委员会申请调解；调解不成的，可以向劳动争议仲裁委员会申请仲裁。当事人也可以直接向劳动争议仲裁委员会申请仲裁。对仲裁裁决不服的，可以向人民法院起诉。"

由此可见，就业后的维权途径，即劳动纠纷处理途径主要有三种：调解、仲裁、起诉。调解是指在查明事实、分清是非、明确责任的基础上，依照有关法律规定以及劳动合同的约定，推动用人单位和劳动者之间相互谅解，解决争议的方式。当调解不成，一方当事人要求仲裁时，可以向劳动争议仲裁委员会申请仲裁，也可以不经调解直接向劳动争议仲裁委员会申请仲裁。诉讼程序是处理劳动争议的最后一道程序。对仲裁裁决不服的，可自收到仲裁裁决书之日起 15 日内向人民法院提起诉讼。

（四）就业协议

就业协议是明确毕业生、用人单位、学校三方在毕业生就业工作中的权利和义务的书面表现形式。就业协议在毕业生到单位报到、用人单位正式接收后自行终止。就业协议一般由教育部或各省、市、自治区就业主管部门统一制表。

1. 就业协议的主要内容

就业协议的核心内容概括如下。

（1）毕业生须遵循国家就业规定，向用人单位提供真实自我介绍，并深入了解用人单位的期望与需求。毕业生须明确表达个人就业意愿，并承诺在指定时间内报到。如遇特殊情况无法按时报到，须提前与用人单位沟通并征得同意。

（2）用人单位须全面、真实地介绍公司或单位的情况，清晰表明对毕业生的具体要求和期望。同时，用人单位应确保各项接收工作的顺利进行，为毕业生提供必要的入职支持。

（3）学校须准确地向用人单位推荐毕业生，并翔实介绍毕业生的相关情况。一旦用人单位同意录用，学校将审核并列入建议就业方案，报请主管部门批准。此外，学校还负责办理毕业生的离校手续，确保毕业生顺利进入职场。

（4）协议各方应严格遵守协议内容，任何一方违约都应承担相应的法律责任。

（5）若协议中有其他特殊约定或细节，应在备注栏中明确标注，并视为本协议不可分割的一部分。

2. 就业协议的作用

就业协议作为学校、用人单位及毕业生三方之间的一份意向性协议，主要有以下两个方面的作用。

（1）保障毕业生在寻找工作阶段的权利与义务，约束签订劳动合同的时间、劳动合同的内容等。当发现所要签订的劳动合同与就业协议不一致，特别是出现对维护毕业生权益不利的情况时，毕业生应该要求用人单位按照已经签订生效的就业协议制定新的劳动合同，使其内容符合就业协议。

（2）保障用人单位能方便地直接从学校方面调出该毕业生的档案、资料，以清楚地了解毕业生的真实情况。

3. 就业协议的签订

（1）签订就业协议的原则。签订就业协议主要遵循以下原则。

一是主体合法原则。在签订就业协议书时，各方当事人必须确保自身具备合法的主体资格。对于毕业生而言，必须已经取得毕业资格，否则在派遣时若未满足此条件，用人单位有权拒绝接收，且不承担任何法律责任。对于用人单位而言，需具备从事经营或管理活动的法定能力，并拥有录用毕业生的计划和自主权，否则毕业生有权解除协议，同样无须承担法律责任。学校作为协议的一个重要参与方，应根据用人单位的需求，如实介绍毕业生的在校表现，并公正地向毕业生传达用人单位的信息。

二是平等协商原则。在签订就业协议过程中，各方当事人应保持法律地位的平等，任何一方均不得将自己的意愿强加于对方。学校不得以行政手段强制毕业生前往特定单位工作，而用人单位也不得在协议签订时要求毕业生支付高额的风险金、保证金等。各方当事人的权利与义务应相互对应，若协议中有其他需要补充的事项，可在"备注"栏中明确注明。

（2）签订就业协议的步骤。就业协议的签订一般要经过要约和承诺两个步骤。

要约：毕业生持学校统一印制的就业推荐表或复印件进入各类毕业就业市场进行双向选择，或向用人单位寄发书面材料，应视为要约邀请；用人单位收到毕业生材料，对毕业生进行笔试、面试等考核后，表示同意接收，并将接收函或录用通知寄给学校毕业生就业工作部门或毕业生本人，应视为要约。

承诺：毕业生收到用人单位接收函或录用通知以后，经过再三斟酌、慎重考虑，到学校就业部门领取就业协议书，与用人单位签订就业协议，即为承诺。

但实际上，由于毕业生就业工作比较烦琐、具体，很难明确分清要约和承诺两个步骤。

（3）就业协议签订时的具体程序。①毕业生和用人单位达成协议并在就业协议书上签名盖章，用人单位应在协议书上注明可以接收毕业生档案的名称和地址。②用人单位上级主管部门批准盖章。③用人单位必须在与毕业生签订协议书起的 10 个工作日内将协议书送学校毕业生就业工作部门。④学校同意盖章，并及时将协议书反馈给用人单位。

4. 无效协议

无效协议是指由于缺失了就业协议的必要法律要件或违反了就业协议订立的基本原则，从而不具备法律效力的协议。无效协议从其订立之日起便不具有任何法律效力，主要涵盖以下两种情形。

首先，若就业协议在学校的审查过程中被发现对毕业生存在显著的不公平现象，或该协议违反了公平竞争、公平录用的基本原则，学校有权拒绝认可此类协议的有效性。

其次，若就业协议的签订过程中存在欺骗或其他违法手段，例如，用人单位未如实披露其单位情况，或在没有实际录用计划的情况下与毕业生签订的就业协议，这类协议均被视为无效。对于因无效协议而产生的法律责任，应由责任方承担相应的后果。

5. 就业协议的解除

就业协议的解除分为单方解除和双方解除。

（1）单方解除。单方解除包括单方擅自解除和单方依法或依协议解除。单方擅自解除属违约行为。单方依法或依协议解除，是指一方解除就业协议有法律上或协议上的依据，解除方无须对另一方承担法律责任。

（2）双方解除。双方解除是指经毕业生、用人单位协商一致，取消原订立的协议，使协议不发生法律效力，双方均不承担法律责任，但须征求学校同意。

6. 违约责任及违约后果

违约行为带来的后果是多层次且深远的。对于用人单位而言，如果未能按照约定接收毕业生，则须依据协议规定支付相应数额的违约金或承担其他形式的违约责任。然而，若毕业生因个人原因未能满足就业协议中约定的条件，用人单位则有权拒绝接收，且无须承担任何违约责任。

对于毕业生来说，如果不按约定时间前往用人单位报到并履行工作职责，同样须按照协议中的约定支付违约金或承担其他违约责任。

对于学校而言，毕业生的违约行为可能导致其社会评价下降，进而影响与用人单位之间的合作关系。有些用人单位甚至可能因此决定不再前往违约毕业生所在的学校进行招聘。此外，毕业生的违约行为还会干扰学校就业计划的制订与执行，影响正常的毕业生派遣工作。因此，毕业生应当充分认识到遵守就业协议的重要性，诚实守信，避免违约行为带来的负面影响。

（五）劳动合同

劳动合同是劳动者与用人单位（包括企业、事业单位、国家机关、社会团体、雇主）确定劳动关系，明确双方权利和义务的协议。劳动合同制度是 1995 年《中华人民共和国劳动法》（以下简称《劳动法》）颁布实施以来在各类企业中推行的一种用工制度。2008 年 1 月 1 日起施行的《中华人民共和国劳动合同法》（以下简称《劳动合同法》）更是进一步明确规定，用人单位与劳动者依法建立劳动关系，应该订立书面劳动合同。

1. 劳动合同的主体

劳动合同的主体特指劳动法律关系中的两方当事人：劳动者和用人单位。与其他合同关系相比，劳动合同的主体有其独特性：首先，劳动合同的主体是由法律明确规定的，具有特定的资格要求。这意味着，不具备法律资格的公民和没有用工权的组织是不能作为劳动合同的主体的。其次，劳动合同在签订后，其主体之间会形成一种行政隶属关系。这种关系要求劳动者必须依法服从用人单位的行政管理。

2. 劳动合同的内容

劳动合同的内容是指双方当事人在劳动合同中必须明确各自的权利、义务及其他问题。

劳动合同的内容具体表现为劳动合同条款，劳动合同条款可以分为法定条款和协商条款两部分。法定条款是指劳动合同必须具备的由法律、法规直接规定的内容。《劳动法》中的第十九条规定了劳动合同应包括以下条款：劳动合同期限、工作内容、劳动保护和劳动条件、劳动报酬、劳动纪律、劳动合同终止的条件、违反劳动合同的责任。

协商条款是指不需要法律、法规直接规定，而是由双方当事人自愿协商确定的合同内容，如用人单位与劳动者可以约定试用期、培训、保守秘密、补充保险和福利待遇等其他事项。

3. 劳动合同的形式与期限

《劳动法》第十九条规定："劳动合同应以书面形式订立。"《劳动法》第二十条规定："劳动合同的期限分为固定期限、无固定期限和以完成一定的工作为期限。"

（1）固定期限劳动合同：这种劳动合同明确规定了起始和终止的具体时间，时间长度可灵活设定，如半年、5 年、10 年或更长。由于具有明确的时间界限，固定期限劳动合同在实际应用中较为广泛。

（2）无固定期限劳动合同：此类劳动合同在签订时并未设定有效期限，只要未出现法定或双方约定的终止条件，合同将持续有效。无固定期限劳动合同通常适用于技术要求高、需要长期稳定人员的工作岗位，用人单位与劳动者可以协商选择此类合同。

（3）以完成工作任务为期限的劳动合同：这种劳动合同将完成特定工作或工程作为合同的起始和终止条件。一旦工作完成，劳动合同即告终止。此类合同常见于建筑行业，适用于那些有明确工作目标和期限的工程项目。

4. 劳动合同订立的原则和程序

（1）劳动合同订立原则。《劳动合同法》第三条规定："订立劳动合同，应当遵循合法、公平、平等自愿、协商一致、诚实信用的原则。"依法订立的劳动合同具有约束力，用人单位与劳动者都应当履行劳动合同约定的义务。

一是平等自愿原则。平等自愿原则强调在订立劳动合同时，双方当事人应处于相同的法律地位，不存在任何一方的命令与服从关系。双方都是基于自己的真实意愿，并在充分表达各自意见的基础上，通过平等协商来达成协议的。

二是协商一致原则。协商一致原则要求劳动合同的内容必须由双方当事人在法律、法规允许的范围内共同讨论，并在取得完全一致意见后确定。这一原则是维护双方当事人合法权益的基础，确保双方都能接受并遵守合同中的各项条款。

三是合法原则。合法原则是劳动合同有效并受国家法律保护的前提条件，它包括以下三个要点：①主体合法。劳动合同的双方当事人必须具备订立劳动合同的主体资格。对于用人单位而言，这意味着它必须拥有法人资格、被批准的经营范围、履行能力以及承担经济责任的能力。任何一方如果不具备这些条件，所订立的劳动合同都属于违法合同。②内容合法。劳动合同中订立的具体劳动权利和义务条款必须符合法律、法规和政策的规定，不得违反国家的相关法律法规。③程序与形式合法：劳动合同的订立必须遵循法律、行政法规所规定的步骤和方式，包括先拟订劳动合同书草案，然后由双方当事人平等协商，达成一致后签约。同时，劳动合同必须以法律、法规规定的形式签订。

（2）劳动合同订立的程序。按照合同的一般原理，合同订立的程序有要约和承诺两个阶段。劳动合同虽然是一种合同，但其订立程序与一般合同的订立程序有所不同。劳动合同的被要约方在开始时是不确定的，需要首先确定被要约方，即确定与用人单位签订劳动合同的劳动者才能完成要约与承诺的全过程。

劳动合同的订立程序可以概括为以下两个阶段。

"第一，由用人单位提出要约邀请，寻找并确定劳动者。这一阶段包括以下四个步骤：①公布招工简章或就业规则。公布的内容包括两个方面：一是招工条件，二是录用后的权利和义务。其内容主要涉及招工的工种或岗位、招收的名额、招收对象及条件、招工地区或范围、录用后的工资、福利待遇、劳动保护条件和应遵守的单位规章制度等。②自愿报名。劳动者根据招工条件结合自身的志愿爱好自愿报名。劳动者报名应招是对公布内容的一种认可，表明愿意在此基础上与用人单位协商订立劳动合同。③全面考核、择优录用。用人单位对报名的应招人员可以进行德、智、体全面考核。具体考核内容可以根据生产或工作的性质和需要有所侧重。④用人单位对应招人员进行全面考核后，应严格按照公正、公平的原则进行评判，不得徇私舞弊。对考核结果必须公开张榜，公布优录用人员，接受群众监督。"①

第二，签订劳动合同。这是指完成要约和承诺的全过程。受要约人确定后，

---

① 王小玲，邢士彦. 就业与创业指导 [M]. 北京：知识产权出版社，2007：78.

即由用人单位提出劳动合同的草案，劳动者如果完全同意，即视为承诺，劳动合同即告成立。如果劳动者对劳动合同草案提出修改意见或要求增加新的内容，应视为对要约的拒绝。双方继续经过新的要约一再要约，反复协商，直至最终达成一致的协议。

5. 劳动合同的变更、解除和终止

（1）劳动合同的变更。劳动合同的变更，是指在已签订的劳动合同基础上，劳动者与用人单位在平等自愿的原则下，经过充分协商并达成一致，对合同条款进行必要的修改、补充或调整，以形成新的劳动协议。

劳动合同变更的条件如下：订立合同时依据的法律、法规已经修改；企业转产；企业严重亏损或发生自然灾害，确实无法履行义务；当事人双方协商同意；法律允许的其他情况。

（2）劳动合同的解除。劳动合同解除是指劳动合同生效后，尚未履行或还没有全部履行前，当事人一方或双方提前解除劳动关系的法律行为。根据法律的规定，劳动合同解除的种类有以下几种。

一是协商解除。《劳动合同法》第三十六条规定："用人单位和劳动者协商一致，可以解除劳动合同。"如果是用人单位提出的，用人单位应该向劳动者支付经济补偿。

二是劳动者单方解除。在以下几种情况下，劳动者有权随时通知用人单位解除劳动合同，并且用人单位应当向劳动者支付经济补偿：①用人单位未按照劳动合同约定提供劳动保护或者劳动条件。②用人单位未及时足额支付劳动报酬。③用人单位未依法给劳动者缴纳社会保险费。④用人单位的规章制度违反法律、法规的规定，损害劳动者的利益。⑤因用人单位的原因致使劳动合同无效。⑥法律、行政法规规定的其他情形。

此外，若用人单位采取暴力、威胁或非法限制劳动者人身自由的方式强迫其劳动，或用人单位违章指挥、强令劳动者冒险作业，从而危及劳动者的人身安全，劳动者有权立即解除劳动合同，无须事先告知用人单位，且用人单位应当向劳动者支付经济补偿。

劳动者也享有在提前30日以书面形式通知用人单位后解除劳动合同的权利。

而对于试用期内的劳动者，则只须提前 3 日通知用人单位即可解除劳动合同。这是法律为了保障劳动者的择业自由而赋予劳动者的单方劳动合同解除权。

三是用人单位单方解除。劳动者有下列情形之一的，用人单位可以解除劳动合同。①在试用期间被证明不符合录用条件的。②严重违反用人单位制度的。③严重失职，营私舞弊，给用人单位的利益造成重大损失的。④劳动者同时与其他用人单位建立劳动关系，对完成本单位工作造成严重影响，或者经用人单位提出拒不改正的。⑤以欺诈、胁迫手段或者乘人之危订立劳动合同致使劳动合同无效的。⑥被依法追究刑事责任的。

在下列情况下，用人单位须提前 30 日以书面形式通知劳动者本人或者额外支付劳动者一个月工资后，可以解除劳动关系，用人单位应该向劳动者支付经济补偿。①劳动者患病或者非因工负伤，在规定的医疗期满后不能从事原工作，也不能从事由用人单位另行安排的工作的。②劳动者不能胜任工作，经过培训或调整工作岗位，仍不能胜任工作的。③劳动合同订立时所依据的客观情况发生重大变化，致使劳动合同无法履行，经用人单位和劳动者协商，未能就变更劳动合同内容达成协议的。④用人单位经济性裁员，即在符合法定条件的情况下，用人单位可以严格依照法律的程序裁员，但用人单位应该向劳动者支付经济补偿。

第四章 创业理论与现代经济发展探究

一、创业概述

（一）创业的概念

"创业"一词由"创"和"业"两部分组成。"创"作为动词具有始造的意思，即创建、创立，在《辞海》中的解释为创立基业；"业"是指事业的基础、根基。"创业"一词在古今中外有不同的定义，随着时代的发展，它又被赋予了多种含义。

1. 古今对创业的解释

（1）古代对创业的解释。古代的创业强调的是建立事业的一种终局状态。诸葛亮在《出师表》中说"先帝创业未半而中道崩殂"，这句话里面的"创业"是一种广义的创业，指的是创立帝业，与现在所说的创业不同，其含义更广。

（2）现代对创业的解释。现代创业的核心聚焦于机会的捕捉与机遇的发现。自改革开放以来，创业被赋予了新的定义，它涵盖了任何个人或团队启动并发展某种事业的行为，如工厂的设立、公司的创办等。而在高等院校的创业教育中，创业被赋予了更深远的意义。它要求创业者以所学知识为基石，借助风险投资基金的支持，创造性地将教学与科研中的创新成果转化为具有巨大的市场潜力的新技术、新产品和新服务。

"创业"一词在现代汉语中频繁使用，其含义大致可以概括为三种：反映创业起始的艰辛与困难，体现创业过程中的开拓与创新，强调新的成就与贡献。因此，创业是创业者通过自己的主观努力而取得新成果的过程。

2. 广义的创业与狭义的创业

创业有广义和狭义之分：

（1）广义的创业。广义的创业重在创业行动，包括创办新企业、壮大旧企业（事业、实体），对任何企业、事业组织、实体、工程等进行拓展、创新、改造、治理、提升品质等行为，都可以划归到创业范畴中，以区别于守业、败业等消极的从业行为。因此，广义的创业涵盖了企业成长过程的任何阶段，即所谓再创业、继续创业、成长型创业、拓展型创业、竞争型创业等。广义的创业与实际的创业情况更加接近，且符合广大创业者对创业科学的认可和关注。

（2）狭义的创业。狭义的创业通常是指创办一个新企业，它包括从筹备到企业稳定成长的全过程。例如，创业者开办个体或家庭的小企业，开展相关业务经营活动的过程。目前，大学生所进行的创业就属于狭义范围内的创业，是大学生结合当前经济社会发展状况，根据国家促进大学生就业和创业的政策要求，运用所学的创业知识和专业技能，寻找并抓住创业机会，创造出新产品、新服务，实现人生价值的全过程。

（二）创业的实质

创业的实质是创造价值的过程、创造财富的过程和创建企业的过程。

1. 创业是创造价值的过程

创业活动的核心价值在于"实现潜在价值"的创造。这一过程涉及创业者通过敏锐地发现和识别商业机会，并有效组织各种资源来提供独特的产品或服务。这个转化过程不仅体现了创业者的创造力，也构成了创造价值的核心环节。它涵盖了四个关键要素：创业者、商业机会、组织结构和资源。

创业实际上是创新的一种表现形式。创新能够带来独特的价值，不仅有助于解决具体的社会问题，还为社会进步注入了源源不断的动力。

2. 创业是创造财富的过程

创业是创业者通过借鉴、模仿、学习他人的经验和方法，从头做起，独立、自主地进行财富的创造和积累的过程。从广义层面来看，创业包括人类一切带有开拓意义的社会变革活动；从狭义层面来看，创业专指社会上的个人或群体所开展的以创造财富为目标的社会活动。因此，创业也可以定义为：社会上的个人或群体为了改变现状造福下一代，依靠自己的力量艰苦奋斗创造财富的过程。

3. 创业是创建企业的过程

创业需要设立一个创业运作的实体，而这一实体就是企业组织。创业者依据所属国家及地区的有关法律、法规办理企业的注册登记手续，这是创业过程中的一个重要标志。由此看来，创业是一种创建企业的过程。这是创业与创新的一个重要区别，创业有具体实施的一个企业实体，而创新只是一种活动；创业活动包括创新，但创新并不一定就是创业活动。

综合以上的观点，创业的定义可以归纳为：创业者运用自己所掌握的知识和能力，利用现有的有限资源，发现和捕捉机会并由此创办企业，提供新的产品或服务，重新创造财富的过程。

（三）创业的要素

1. 创业者

创业者是置身于创业过程核心的个人或者团体，是创业的主体。创业者通常独自创业，但是在许多情形下创业团队是十分重要的，不同的团队成员扮演不同的角色并分担相应的责任。创业者承担个人钱财和声誉上的风险从事创业活动，在创业过程之中起着关键的推动和领导作用，包括商业机会的识别，企业组织的创立、融资、产品创新、资源获取和有效配置及运用，市场开拓，等等。

创业的成功与失败，在很大程度上取决于创业者和团队的素质与经验。创业者和创业团队在创业中的作用比创意、机会资源更加重要，因为创意能否转化为机会，机会能否实现其价值和资源能否得到有效利用，都取决于创业者和创业团队的素质和经验（创业者的内容详见本书第五章第二节）。

2. 商业机会

商业机会常常源于当前市场上已有企业未能充分满足的需求，即市场缺口，这暗示着顾客有潜力获得比当前更优质、更满意的产品和服务。商业机会实质上就是创业的机会，而创业者正是这些机会的敏锐捕手，它们成为驱动创业者投身于创业活动的主要力量。创业的过程就是将商业机会转化为实际价值的过程。通常，创业者会从发现和识别这些商机开始，他们努力以当前市场上不存在或尚未被广泛应用的方式来处理重要事务，并寻求做得更好。这种寻求改进和优化的做法，就是创业者向市场展示的创新。如果市场认可这种创新，并且创业者能够有效地提供这种创新的产品或服务并实现盈利，那么他们就成功地为市场创造了价值。

机会具有可利用性、永恒性和适时性三个特点，机会的可利用性是指机会对于创业者具有的价值，创业者可以利用它为他人和自己谋取福利，体现为购买者和最终使用者和增加价值的产品和服务以及赚取利润。机会的永恒性是指机会永远存在，看自己能否发现和识别。变化的环境、经济转型、市场机制不完善，信息不对称，市场空白等都孕育着无限的商机。机会的适时性是指一个机会转瞬即逝，如果不及时抓住，就可能永远错过，因此及时地发现、识别并抓住有价值的创业机会，是成功创业的第一步。

3. 组织

组织是协调创业活动的系统，是创业的载体，创业活动是在组织之中进行的，离开了组织也就无从谈起创业的问题，创业活动就无法协调，创业的资源就无法整合，创业者的领导作用就无从谈起。

创业者组织的显著特征是创业者强有力的领导和缺乏正式的结构和制度，在许多方面他们还不成熟，但这并不构成成长的障碍，他们接受新事物快，并能迅速地对变化做出反应，在此过程之中，他们得以发展壮大和走向成熟。

人们现在从更广义的观点来看待创业型组织，即它是以创业者为核心形成的关系网络，不仅包括正式创新企业内的人，还包括这个企业外的人或者组织，如顾客、供应商和投资者。这一扩展的组织概念有利于决定如何创建组织、确定和保持竞争地位。

4. 资源

资源是组织之中的各种投入，包括人、财、物。资源不仅包括有形资产，也包括无形资产，如品牌、专利、企业声誉等，所有这些资源都属于投资，创业者的关键职能之一就是吸引这些投资，将其转化为市场需要的产品和服务，实现商业机会的价值。创业者需要组织企业内外的资源，包括资源的确定、筹集和配置。创业者创立的资源是一个投入产出的系统，即投入资源与产出产品与服务，创业的过程就是不断地投入资源以连续地提供产品与服务的过程，能否以最小的投入获得最大的产出，使企业具有竞争力并赢利，是衡量创新记录活动成效的标准之一。

在创业初期，创业者拥有的资源有限，因而寻求的是控制资源而不是拥有资源，他们可能愿意租借资源，例如，发现和适当利用外部资源，包括律师、注册会计师、银行家管理咨询专家、外部董事以及其他专家而不是自己拥有这些资源。利用外部资源可以节省成本，加快企业成长速度和提高企业的成功率，这是创业者最容易忽视的挑战之一。一些创业者倾向试图拥有所有资源，不仅提高了创业的难度和成本，而且也降低了成功的概率，因为一切就绪时，可能也错过了最好的创业时机。

综上所述，创新记录是创业者、机会、组织和资源相互作用、互相匹配，以创造价值的动态过程。创造价值是创业的目的，创业者创业的个人动机尽管不一致，但是成功的创业者主要是为了创造价值，将商业机会转化成为社会需要的产品和服务。因此，那些盲目地纯粹以个人利益为目的的创业者，往往是最后以失败而告终。大量的研究和事实证明，成功的创业者往往是为成就一番事业而创业，而那些追逐权力和金钱的人，很难保持长久的成功，往往成为昙花一现的人物。

二、创业素质概述

人是创业成功的第一要素，而创业者则发挥核心作用。创业活动是由创业者主导和组织的商业冒险活动。要成功创业，不仅需要创业者富有开创新事业的激情和冒险精神、面对挫折和失败的勇气和坚韧，以及各种优良的品质素养，还需要具备解决和处理创业活动中各种挑战和问题的知识和能力。

（一）创业的激情与创业意识

创业的激情并非一时冲动，而是源于对事业的持久追求与不懈的努力。创业之路需要创业者具备百折不挠、坚韧不拔的意志，因为这是一个需要长期艰苦奋斗的过程。在创业的道路上，立竿见影的成功往往寥寥无几。一旦确立了明确的目标和方向，创业者就应该坚定不移地朝着目标前进，即便遭遇重重困难和挫折，也不应轻易放弃或改变初衷。保持创业的激情是创业者成功的关键因素之一。这种激情能够激发创业者的内在动力，让他们在面对挑战时更加坚韧不拔。同时，创新意识也是创业者不可或缺的重要素质。在快速变化的市场环境中，只有不断创新，不断推出新产品、新服务和新方法，企业才能在竞争中立于不败之地。创新的方式和途径多种多样，它们通常来源于创业者对产品服务的深入理解、开放式的思维模式、敏锐的市场触觉和广泛的信息资源。要想在创业道路上取得成功，创业者还必须具备自我实现、追求成功的强烈创业意识。这种意识能够帮助创业者将创业目标作为自己的人生奋斗目标，从而更加坚定地走向成功。创业的成功并非偶然，它是创业者思想上长期准备的结果。

（二）自信、自强、自主、自立的创业精神

自信就是对自己充满信心。自信心能赋予人主动积极的人生态度和进取精神。不依赖、不等待。要成为一名成功的创业者，必须坚持信仰如一，拥有使命感和责任感信念坚定，顽强拼搏，直到成功。信念是生命的力量，是创立事业之本，是创业的原动力。要相信自己有能力、有条件去开创自己未来的事业，相信自己能够主宰自己的命运，成为创业的成功者。自强就是在自信的基础上，不贪图眼前的利益，不依恋平淡的生活，敢于实践，不断增长自己各方面的能力与才干，勇于使自己成为生活与事业的强者。自主就是具有独立的人格，具有独立性思维能力，不受传统和世俗偏见的束缚，不受舆论和环境的影响，能自己选择自己的道路，善于设计和规划自己的未来，并采取相应的行动。自主还要有远见、有敢为人先的胆略和实事求是的科学态度，能把握住自己的航向，直至达到成功的彼岸。自立就是凭自己的头脑和双手，凭借自己的智慧和才能，凭借自己的努力和奋斗，建立起自己生活和事业的基础。

（三）一定的创业知识素养

创业知识是进行创业的基本要素。创业需要专业技术知识、经营管理知识和

综合性知识三类知识。创业实践证明，良好的知识结构对于成功创业具有决定性的作用。创业者不仅要具备必要的专业知识，更要掌握必备的现代科学、文学、艺术、哲学伦理学、经济学、社会学、心理学、法学等综合性知识和管理科学知识。

（四）优秀的创业人格品质

创业人格品质是创业行为的原动力和精神内核。在创业人格品质中，使命责任、创新冒险、坚忍执着、正直诚信等意识品质与创业成败息息相关。创业是开创性的事业，尤其在困难和不利的情况下，人格品质魅力在关键时刻往往具有决定性的作用。

（五）强烈的竞争意识

竞争是市场经济最重要的特征之一，是企业赖以生存和发展的基础，也是立足社会不可或缺的一种精神。人生即竞争，竞争本身就是提高，竞争的目的只有一个取胜。随着我国社会主义市场经济从低级向高级发展，竞争越来越激烈。从小规模的分散竞争，发展到大集团集中竞争；从国内竞争发展到国际竞争；从单纯产品竞争，发展到综合实力的竞争。因此，创业者如果缺乏竞争意识，实际上就等于放弃了自己的生存权利。创业者只有敢于竞争、善于竞争，才能取得成功。创业者创业之初面临的是一个充满压力的市场，如果创业者缺乏竞争的心理准备，甚至害怕竞争，就只能是一事无成。

（六）良好的人际关系

在创业的道路上，人际关系具有重要的促进作用。良好的人际关系可以帮助创业者排除交流障碍，化解交往矛盾，降低工作难度，提高客户的信任度，从而提高办事效率，增加成功的机会。此外，良好的人际关系还会有助于创业者在遇到困难时及时得到朋友的帮助。

●●●● 第二节　创业与就业之间的关系

就业是民生之本，创业是民生之基。创业是有风险的，就业则是相对安全的，但是创业是主动的，就业则是被动的。在扬起生活风帆的时候，一定要清楚我们未来的真正目标是什么，目标产生于信念，目标就是我们对生活的渴望，我们渴望投入全部的精力，使自己成为自己一直希望成为的那种人。对于弱者来说，命运永远掌握在别人手里；对于强者来说，命运则掌握在自己手里。

一、就业是创业的基础

就业是劳动者同生产资料相结合，从事一定的社会劳动并取得劳动报酬或经济收入的活动。告别校园，走向社会，每个人都希望踏出一条灿烂的人生之路。但面对现实曾经有过的远大理想和美好憧憬，又不知从何做起。

（一）处理好独立性与依赖性的关系

刚刚走向社会的毕业生，生理和心理的发育已基本成熟，成人感和自尊心都很强希望尽快成为独立的人，实现理想中的自我。但由于多年的学生生活，实践经验少，面临错综复杂的问题时，往往由于年龄、阅历、知识、能力等方面的局限而感到力不从心有些毕业生由于经济和生活上长期依靠家庭，在自己遇到具体问题时，摆脱不了依赖的心理。这种独立意识与依赖心理所构成的矛盾，一时难以解决。在未走向社会前，就要根据职业需要，有意识地接触社会、了解社会，培养必要的心理素质，按角色要求来调整自己的行为，提高适应能力。毕业实习就是一个比较好的实践机会，通过毕业实习，可将自己所学的专业知识、所掌握的专业技能与实践紧密地结合起来，检验自己在校学习的专业知识是否适用、是否够用，所掌握的专业技能是否能够满足工作岗位的需要。同时，毕业实习也是一个学习社会知识的大课堂，学习人际沟通与交往的方法，培养自己人格的独立性、减少依赖性，处理好各种关系，使心理从幼稚走向成熟。进入社会后，更要提高独立工作、独立思考，独立解决问题的能力，尽快适应工作环境。

（二）处理好实际角色行为与理想角色行为的关系

"每个人在社会关系和社会组织中都处于某个特定的位置，并要按照这个位置所规定的职责办事，这就是人的社会角色。每个人都有一定的社会责任，要以恰当的角色行为待人处事，尽善尽美地完成角色所担负的任务，就是所谓的理想角色行为。"[①] 理想角色行为是社会角色的完美的行为模式，可使充当这一角色的个人完全满足社会对他的期望。但由于个人对角色行为的认识、理解及社会期望都受多种因素的制约，如个人能力、环境条件等，所以，其实际行动并不一定能符合理想角色行为。差距越小，人的心理就越稳定，也越容易获得社会的认同，否则就容易出现角色冲突。

例如，在学校进行专业学习的过程中，每个热爱自己专业的学生可能都不止一次地在脑海中描绘过将来工作的情景，可是当面临就业的选择时，往往发现现实与理想之间的差距很大。遇到这种情况时，首先要进行自我评估，包括性格、兴趣、特长、学识技能、思维及家庭状况等，还要分析环境条件的特点、环境的发展变化情况、自己在环境中的地位、环境对自己提出的要求以及环境对自己有利和不利的因素等。只有对这些因素充分了解，才能做到在复杂的环境中趋利避害，做出最佳选择，获得最大的心理认同感，从而缩小理想与现实之间的差距。

（三）处理好主观愿望与客观实际的关系

青年学生在规划职业生涯时，常常因怀揣着对现实和自我的理想化期待，对就业前景抱有较高的期望值。然而，当他们真正步入社会后，往往会发现个人主观愿望与现实环境之间存在不小的落差和冲突。为了有效应对这一挑战，关键在于他们应更加深入地了解社会运行的规则和现状，正视现实环境，并适当调整自己的期望值，使之更加贴近实际，从而更顺利地融入社会，实现个人的职业发展和价值实现。

---

① 司琼辉. 就业与创业指导 [M]. 银川：宁夏人民出版社，2010：195.

（四）处理好原有文化知识与客观要求的矛盾

学生在校期间，通过几年的理论学习和技能训练，掌握一定的文化知识，但与实际工作还有很大的距离，还有很多未知的东西需要在工作中继续学习，需要不断地完善知识体系结构，建立终身学习的理念，不断地提高工作能力和知识水平。尤其对创业者的素质来讲，要求就更高了。

二、创业是就业的延伸和发展

人类已进入一个知识经济的全新时代，随着高新技术广泛应用，社会需要越来越多的创新企业和产品，独立创业对未来的劳动力市场的重要性越来越大。自主创业不仅解决了自我的就业问题，又能为社会创造更多的就业岗位，同时也实现了自我发展创造。在自主创业已成为一种风潮的同时，青年学子以其敏捷的思维、蓬勃的朝气、不畏挫折的勇气，定会成为自主创业的中坚力量。

不想当元帅的士兵不是好士兵，就业毕竟不是一个最终目标，安于现状，不求发展，则面临淘汰；不进则退将是必然。随着我国经济体制改革的不断深入，未来的就业将面临以下三个发展趋势。

第一，我国的产业结构调整的方式是以"高新技术"为核心的产业基础，这就不可避免地对劳动力素质的要求有所提高。在调整过程中，就不可避免淘汰那些低素质劳动力。

第二，国有经济的战略调整和体制创新也将使原来公有制经济吸收的大量劳动力逐步转向社会排放，这势必会使大批劳动力进入市场，寻找新的工作。

第三，户籍制度和劳动人事制度的改革，将促使大量农村劳动力进入城镇工作。这些趋势的发展，都将进一步增加就业的压力，人们对就业岗位的竞争将表现得更加激烈。不开拓进取，寻求更大的发展空间，将面临被社会淘汰的危险。

就业，是劳动力与具体化的单位建立的关系；创业，是去开创某种事业。前者是被动的，后者是主动的。只有掌握了主动权，才能立于不败之地。

创业不仅可以实现自我就业，还可以创造更多的就业岗位、取得更大的效益。

●●●● 第三节　创业创新增强经济发展新活力

一、创新和改革是经济发展新常态下的必然选择

随着我国经济步入新常态，经济增速换挡，传统的高要素投入模式难以为继，技术追赶的空间日趋狭窄，前期改革开放所带来的资源配置优势也逐渐消退。面对这一挑战，我们需要以更加坚定的决心和魄力推进改革，进一步放开市场领域和投资渠道，为创业创新提供更广阔的舞台。大众创业、万众创新是激发全社会创新活力的关键。这种创新不仅涵盖了商业模式等多样化形式，还积极推动了互联网、云计算、大数据、新能源等新一代通用技术的发展和应用。通过这些努力，我们能够培育出未来经济增长的新动力，进而实现经济增长动力的转换和经济结构的优化升级。创业创新同时也是深化改革的必然要求。为了释放每个人的创新潜能，我们必须破除一系列体制机制障碍，以确保每一个怀揣创业创新梦想的个体都能拥有自由创造的空间。

近年来，随着我国创新能力不断提升，创新特点也在悄然发生变化：从以制造业创新为主走向制造业与服务业创新齐头并进；从科技创新为主走向融合了商业模式和生产组织变革的全面创新；创新主力军从科技人员走向以整合重组现有技术资源并实现价值链提升为己任的企业家。尤其是随着互联网等新一代信息技术的发展和广泛应用，一批市场驱动下，以"草根创新"为特征的企业正在不断涌现，成为引领创新大潮的主力军之一。今后，大众创业、万众创新将更加依靠市场这只"看不见的手"，更加依靠来自社会基层的"草根"智慧和力量。

二、大众创业、万众创新增强转型发展新活力

（一）有利于调整产业结构，促进创新发展

大力推动大众创业、万众创新，一方面要在增量上做文章，培育新兴产业；

另一方面，要挖掘存量资源，将过剩产能中沉淀的人才、资金等创新资源解放出来，引入战略性新兴产业、高技术产业等效率更高的部门，从而调整产业结构，化解过剩产能，孕育一批新企业。大众创业、万众创新不仅仅创造新业态，也改造了传统产业。

推进大众创业、万众创新，重点是鼓励企业创新，促进各类创新成果通过自主产业化、转让、许可入股等方式进入市场，使创新创业大军不断壮大，形成新产品、新市场和新业态，提升产业价值链。

（二）有利于发展民营经济，促进市场竞争

民营经济在我国社会主义市场经济体系中占据举足轻重的地位，中小企业是推动市场竞争不可或缺的重要力量。为了激发群众智慧和创造力，推动大众创业、万众创新成为关键举措，这完全符合激发市场活力的内在要求。为了营造有利于创新创业的氛围，应大力弘扬鼓励创新、宽容失败的创新文化。同时，建立健全的政策环境和市场环境，为创新创业提供有力的支持和保障。这样的举措可以充分释放全社会的创新潜力和创业活力，使创新发展成为全社会的共同追求和自觉行动。随着越来越多民营中小企业的涌现，市场竞争将变得更加有效和激烈。这不仅有助于增强市场活力和发展动力，还能推动整个经济体系向更加健康、可持续的方向发展。

（三）有利于增加就业，提高居民收入

推动大众创业、万众创新，是扩大就业、增加收入的重要举措。我国劳动力数量庞大，就业压力较大，而且近几年还出现了较为突出的结构性就业矛盾，高技能工人供不应求，大学生就业则相对困难。"促进大众创业、万众创新，不仅可以创造大量新的就业机会，吸收过剩产能转移出来的劳动力，而且可以通过制度环境建设，引导高素质人才通过创新创业实现自身价值，带动其他人群就业。"[①] 要让有梦想、有能力的人员通过大众创业万众创新增加收入，让更多的

---

① 吕薇，田杰棠，沈恒超. 创业创新增强经济发展新活力 [J]. 科技创业月刊，2016（14）：22.

人富起来。通过创新创业，可以扩大中等收入群体范围，优化社会结构。因此，大众创业、万众创新既能带动就业，又有利于调整收入分配结构，促进社会公平。

（四）有利于适应新消费模式，提高供给与需求契合度

当前，我国消费模式正经历显著变革，模仿和跟风消费逐渐退潮，而个性化、差异化、多样化和高端化的消费需求日益凸显。这种转变使传统供给结构难以完全满足新兴的市场需求，产品和服务供给中暴露出空白和薄弱环节。面对这一挑战，创新发展的重要性越发凸显。为了满足不断升级的消费需求，创新不仅要致力于提升现有产品的质量和性能，还要积极填补产品和服务中的空白或短板。这要求制造业和服务业企业必须高度重视设计定制、个性化服务以及产品质量的提高，朝着小型化、特色化、专业化、精细化的方向发展。大众创业、万众创新的热潮，正是从源头上推动供给模式与需求模式相契合的重要力量。它鼓励更多的人投身于创业创新，开办新企业、开发新产品、开拓新市场，从而有效促进消费增长，拉动经济持续发展。

三、推动大众创业、万众创新的关键是完善制度和营造市场环境

推进大众创业、万众创新要坚持政府营造环境与市场导向相结合。要转变政府职能、建设服务型政府，营造良好的创新创业环境和氛围，有效发挥市场配置资源的作用，使人才、资金、技术和信息等创新要素合理、顺畅流动，形成新的经济增长点和转型发展新活力。

（一）建立公平竞争、规范法治的市场环境

要保证市场竞争的公平性，按照市场规则建立优胜劣汰的机制。要加快推进市场准入负面清单制度，建立产业准入标准，对自然垄断性质的产业实行必要的规制，打破地方保护主义，让各种所有制、不同类型的企业可以公平地获得各种创新要素，让创新创业活动通过市场获得合理回报。政府要减少对市场的直接行政干预，重点放在营造有利于大众创业、万众创新的环境上，加强产权保护，完

善征信体系，统一执法标准，促进市场主体依法经营。

（二）健全多层次的资本市场，调动民间资本的积极性

为了满足创业创新各环节的独特需求和特点，需构建一个多层次且健全的资本市场，以拓宽融资渠道。具体而言，应适度增加中小企业板和创业板的容量，并规范新三板市场，以支持中小企业和初创企业的融资需求。同时，推动建立战略性新兴产业板，为这些具有发展潜力的新兴产业提供融资服务。在条件成熟的地区，可以开展区域性非上市证券交易所的试点，为企业提供更多元的融资选择。为了鼓励和引导资本投入大众创业、万众创新的领域，应采取税收优惠、政府引导基金等激励措施，吸引风险投资机构及个人投资者增加投入。此外，扩大政策性中小企业信用担保和再担保规模也至关重要。

（三）转变政府支持方式，提高财政资金的利用效率

减少对单个企业的点对点直接资助，更多通过普惠性政策形成各种技术路线、各类企业公平竞争的环境，让市场机制引导企业创新。切实落实小微企业减免税、研究开发支出加计扣除、增值税转型改革、固定资产加速折旧、政府采购创新产品等普惠性政策，扩大政策受益面。加快推广效果显著的自主创新示范区先行先试政策，增强创新政策的外溢效应。完善创新创业服务体系，政府重点加强研究开发、检验检测等公共服务平台建设，采取税收减免、政府采购服务等多种方式，引导和支持社会力量兴办各种创新创业服务和孵化平台，降低创业创新成本，提高创新创业效率。

（四）打破条块分割，加强政策协调配套

加强科技政策、财税政策、产业政策、金融政策、政府采购政策知识产权政策、教育政策、人才政策、中小企业政策等的协调配套形成政策合力。增强政策稳定性和透明度，建立公开透明、长期稳定的激励机制，形成可预期的投资回报，鼓励投资者进行长期投入。充分调动人的积极性，切实落实股权激励、科研成果处置权下放等人才激励政策，加强知识产权保护，使一批富有创新精神、勇

于承担风险的人才脱颖而出。打破区域和部门分割，消除创新要素的流动障碍促进要素优化配置。充分发挥中央和地方两个积极性，发挥各类园区的作用，提高创新创业的集聚效应。

（五）创造宽容失败的政策环境和社会氛围

创业创新的核心驱动力在于市场竞争中寻求利润，然而并非所有的创业创新活动都能成功转化为盈利，实际上，大部分项目都伴随失败的风险。为了应对这一挑战，创业者和投资者首先须树立强烈的风险意识和效益意识，尊重并遵循市场规律，基于深入的市场调研和精准的需求预测进行创业创新，避免盲目跟风和投机行为。为了营造一个支持创业创新、宽容失败的社会环境，政府和社会各界应通过设立创业投资引导资金、完善社会保障制度等多种方式，为创业创新实践者提供坚实的政策支持和保障。

第五章　创业实施及其风险防范研究

●●●● 第一节　创业机会与模式选择

一、创业机会

机会是指具有时间性的有利情况，从而为人提供有利动机。

（一）创业机会的含义

创业机会是指在新生产方式、新产出或生产方式与产出之间新的关系形成过程中，引进新的产品、服务、原材料和组织方式等，得到比创业的成本更高价值的状态。创业机会是通过把资源创造性地结合起来，以满足市场的需求，创造价值的一种可能性。蒂蒙斯认为，一个创业机会其特征是具有吸引力、持久性和适时性，且伴随着可以为购买者或使用者创造或增加使用价值的产品或服务。

依据上面的定义，创业机会应该由四个要素构成：

第一，某个细分市场存在或新形成了某种持续性需求；

第二，拟创业者开发了或持有有助于满足前述市场需求的创意；

第三，创业者有能力、有资源，可实施所持有的创意；

第四，创业者将自己的创意转变为具体的产品或服务，不需要大规模的资金和大的团队。

在评估创业机会时，必须确保四个关键要素都得到满足，才能确信这是一个真正客观存在的创业机会。商机与创业机会并非等同，因为商机可能因缺乏可持续性而迅速消失，即使创业者尚未开始行动。针对某一特定商机，如果创业者无法开发出与之相匹配的创意，那么这种商机就不能被视为创业机会。此外，即使创业者能够构思出与市场需求相契合的创意，但如果实施该创意需要庞大的资金支持和团队规模，那么这样的商机对于初创者而言同样不是创业机会。因为大多数初创者在起步阶段往往缺乏充足的资金和追随者。因此，那些需要大规模资金和团队的商机，更适合已经发展到一定规模的企业去把握。初创者若勉强尝试跟进这样的商机，往往难以成功，甚至可能遭受失败。

（二）创业机会的类型

1. 按创业机会可识别性来分类

根据创业机会的可识别性，可将创业机会划分为潜在创业机会和显现创业机会。

在市场上存在明显的未被满足的某种需求称为显现创业机会；而隐藏在现有某种需求背后的未被满足的某种需求称为潜在创业机会。显现创业机会较明显地存在于市场环境中，对于创业者来说，较容易寻找和识别，但发现的人多，利用这个机会的创业者也就随之增多，无形中增加了竞争的激烈程度和创业的难度，一旦创业者或创业企业超过一定限度，出现供大于求的局面，最终会给创业者带来亏损。与之相反的是，潜在创业机会并不是一目了然地凸显于创业者面前的，更多的是"隐身"于市场之中，需要创业者用敏锐的嗅觉去发掘。由于只有少数创业者能够发掘，所以潜在创业机会一般也意味着较高的市场回报。因此，深度挖掘利用潜在创业机会，对于创业者具有较大的诱惑力和更广阔的发展前景。

2. 根据创业机会来源来分类

根据创业机会的来源，可将创业机会划分为行业创业机会与边缘创业机会。

行业内的创业机会称为行业创业机会，它们往往集中在同一行业或领域内。然而，创业者们往往过于关注这些明显的机会，而忽视了不同行业交汇点或结合部产生的创业机会，这些被称为边缘创业机会。在行业创业机会中，由于同一领域内已经存在众多企业，市场竞争往往激烈，导致机会利用效益相对较低。而边缘创业机会则像是行业间的"真空地带"，这些机会尚未被大规模发掘，因此竞争不激烈，创业者更容易在这些领域取得突破，机会利用效益也相对更好。

3. 根据创业机会影响时间来分类

根据创业机会的影响时间，可将创业机会划分为现实创业机会与未来创业机会。

目前市场上已经存在的待满足的需求称为现实创业机会；目前市场上没有或仅有极少数的需求，但预期在未来某段时间内将会出现大量需求称为未来创业机会。现实创业机会是已经出现的，创业者较容易发掘并利用，但未来创业机会较难发现和识别。这两种创业机会没有明确的界线，而且随着时间的推移和市场条件的变化，未来创业机会也会逐渐转变为现实创业机会。对于创业者来说，如果在未来创业机会转变为现实创业机会之前就能敏锐地洞察，并加以发掘利用，开发出具有市场前景的产品或服务，抢占市场份额，无疑会产生事半功倍的效果。

（三）创业机会的基本特征

（1）客观性。创业机会具有客观性的特点，无论创业者或新企业是否意识到，它都会客观存在于一定的市场环境之中。

（2）偶然性。创业机会具有偶然性的特点，对于创业者来说，创业机会是可遇不可求的，它不会每时每刻都显露，机会的出现具有一定的偶然性，关键是创业者要努力寻找，从市场环境变化的必然规律中预测和寻找创业机会。

（3）时代性。创业机会具有时代性的特点，每个创业机会都深深烙上所处时代的印记。

（4）差异性。创业机会具有差异性的特点，同样的创业机会客观存在于市场环境中，但因为创业者对机会的认知、把握能力不尽相同，所以利用结果和效益难免产生差异。

（四）创业机会识别的一般过程

（1）准备阶段。准备阶段主要指创业者带入机会识别过程中的背景、经验和知识。创业者需要根据既有的知识和经验来识别机会。

（2）孵化阶段。孵化阶段是个人仔细考虑创意或思考问题的阶段，也是对事情进行深思熟虑的时期。有时候，孵化是有意识的行为。有时，它是无意识行为并出现在人们从事其他活动时。

（3）洞察阶段。当创业者成功识别出解决问题的办法或确定创业的方向时，这被称为"灵感"的瞬间。这是创业者对机会进行识别的关键时刻。这种"灵感"体验有时会直接推动整个创业过程向前发展，为创业者指明方向；而有时，它也可能促使创业者重新评估，决定返回准备阶段进行更深入的探索。例如，创业者可能意识到机会的潜力，但认为在追求机会之前需要更多的知识和考虑。

（4）评价阶段。评价阶段是仔细审查创意并分析其可行性的阶段，也是特别具有挑战性的阶段。因为它要求创业者对创意的可行性采取一种公正的看法。

（5）阐述阶段。阐述阶段是创造性创意变为最终形式的过程，详细细节已经构思出来，并且创意变为有价值的新产品、新服务或新的商业概念，甚至已经形成了能够实现价值的商业模式。

（五）创业机会评价的步骤

（1）确定评价目标。确定评价目标是创业机会评价的第一步，评价目标直接影响到评价指标体系、评价方法等后续步骤的实现。在创业机会评价开始的时候，要对评价目标的特性进行充分分析，以更好地确定创业机会的影响因素，从而确定创业机会评价的基本框架。

（2）创业机会影响因素分析。影响创业机会的因素有很多，既有内部因素，也有外部因素；既有经济因素，又有社会因素。从各种因素中抽象出关键性因素，便构成了创业机会评价指标体系。

（3）构建评价指标体系。创业机会评价体系是在对创业机会影响因素分析的基础上构建的。蒂蒙斯的指标体系是最全面的创业机会评价指标体系，可以作为创业机会评价的属性库。在此基础上，可结合我国国情及创业机会实际情况，构建新的指标体系。

（4）评价方法的应用。评价方法是实施创业机会评价的工具。创业机会评价涉及很多指标，有些指标可以量化，有些却不易量化。单纯的定性方法难以对创业机会进行明确的排序；单纯的定量方法难以对决定创业机会的关键要素进行选择。因此，应在借鉴相关模型的基础上，选择定性与定量相结合的方法进行评价。

（5）评价实施。创业机会评价的实施是一个至关重要的实际操作阶段，它涉及对定量和定性指标的细致处理。在此过程中，会引入必要的数据以及相关专家的专业评定，同时结合适用的评价模型，以期得到准确、全面的评价结果。评价实施的本质是一个筛选和淘汰的过程，旨在从众多潜在机会中挑选出最具潜力和可行性的选项。

（6）评价反馈。创业机会评价是一个动态的过程，其本质上是一个主观的、埋论的分析过程。创业机会是否能真正成为一个成熟机会，是否可以在现实中开发，还需要进一步从实践中证明依据创业活动实践，可以从风险规避和价值创造这两个方面对创业机会评价的结果做进一步修正。

二、创业模式选择

如今创业市场商机无限，但对于资金、能力、经验都有限的创业者来说，并不都是"遍地黄金"。在这种情况下，创业者只有根据自身特点，找准"落脚点"，才能创出一片新天地。目前来说，创业主要有以下八种常见的模式：

（一）加盟创业

加盟创业是指创业者以合同形式从盟主企业那里获得加盟店经销权或营业权。其最大的特点是利用盟主企业的招牌和现有市场实现利益共享、风险共担。这种创业模式由于可复制，所以创业难度相对较低。

加盟者通过支付包括加盟费和利润比值在内的一定费用，便能站在已有成功品牌的坚实基础上。这种加盟模式不仅赋予了加盟者使用成熟品牌的权益，还为他们提供了管理和技术方面的全方位支持，以及广告推广的助力。这些优势极大地降低了创业过程中的风险，因为加盟的品牌已经经过市场的严格检验，其商业模式的可行性得到了充分证明。

当然，加盟创业并不是没有风险，如今的加盟企业数量众多而且鱼龙混杂，甚至有一些是具有诈骗性质的。因此，选择加盟企业，应当先看到其中的风险，不要急功近利。投资者在加盟前一定要睁大眼睛，不要过分相信加盟总部所提供的报表、数据及分析资料，不要以为自己会稳赚不赔，同时也要做好详细的计划书，明确准备投入多少资金、每月预期有多少收入、毛利多少、净利多少、总投资什么时候可以收回等。计划书越详细越有利于规避风险。

(二) 网络创业

网络购物已成为现代人的生活常态，人们已习惯足不出户、通过互联网享受购物的乐趣。这种满足现代人"宅"的需求的电子商务的发展为大学生的网络创业提供了基础。所谓网络创业就是利用网络资源进行创业。其形式主要有以下三种。

(1) 网上开店，即自行在网上注册成立网络商店，销售自己选定的商品。随着新媒体、新应用的不断涌现，网上开店还拓展到了更多的平台，如微信上的微店，利用朋友圈的人脉资源以及零成本的推广优势，正如火如荼地发展着。

(2) 网上加盟，即利用母网站的货源和销售渠道以某个电子商务网站门店的形式开展经营，如经营者通过加盟淘宝网这一网上销售和服务平台，获取淘宝的销售渠道和客户资源。除了淘宝，现在很多大型电商都可以加盟开网店，如天猫商城、京东商城、当当网、1号店、苏宁易购、国美商城等。

(3) 网络服务，即利用互联网强大的客户资源，通过为广大网民提供某种服务从而获得利益的经营模式。

网络创业的优势在于，成本较低、风险较小、方式灵活，创业门槛也不高。这种创业模式非常适合在校大学生等初涉商海的创业者。

(三) 兼职创业

兼职创业是指在学习、工作之余利用日常积累的商业资源和人脉关系进行创业。这种创业模式一方面可以使创业者利用业余时间积累创业经验，另一方面可以使有创业志向的大学生逐步实现从学生向创业者的转变。

该类创业模式较适合有创业梦想的大学生、白领、有一定商业资源的在职人士等。兼职创业如果能借助创业者所学专业知识或其他优势资源，定会收到事半功倍的效果。

(四) 团队创业

团队创业相较于个人创业，拥有显著的优势。由于团队成员来自不同的背景和专长，他们在研发、技术、市场以及融资等方面能够形成互补，集合了每个成员的智慧和力量。这种集体协作的方式使团队更容易应对创业过程中的各种挑战，并因此更容易取得创业的成功。一个优秀的创业团队正是创业成功的关键因素，它为创业过程提供了强有力的保障。

（五）大赛创业

创业大赛最早起源于美国，又称为商业计划竞赛。此类竞赛主要是为参赛者展示创业项目、获得资金提供一个良性的互动平台，世界上很多著名的企业都是从创业大赛中脱颖而出的，如雅虎、网景等。在国内，自 20 世纪 90 年代清华大学率先举办创业大赛以来，各种创业大赛层出不穷，不断发展，形势一片大好，受到众多创业青年的追捧和关注，催生了一大批企业的诞生，造就了一批优秀的创业者。

创业大赛提供给创业者一个展示的平台，它一般要求参赛者能够组建一支优势互补的竞赛团队，提出一项具有市场前景的技术产品或服务，并且围绕这一产品或服务，以最终获得风险投资为目的，完成一份完整、务实、科学、具体、深入的创业计划书。计划书中必须包括企业概述、业务与业务展望、风险因素、投资回报与退出策略、组织管理、财务预测等方面的内容。在国内，创业大赛已经发展到了相当成熟的阶段，引起了包括在校大学生、新闻媒体、企业界以及风险资本的广泛关注，已经成为创业的一个不可忽视的重要途径。很多创业者通过参加创业大赛全面地了解了创业者所必须具备的知识和技能体系，锻炼了自己的组织能力和协调能力，获得了综合素质的提高。很多创业者通过参加创业大赛结识了志同道合的合作伙伴，共同开辟了新的事业。也有一些创业者最终通过参加比赛获得奖金或赢得风险投资等，走上了创业的道路，并且获得了巨大的成功。

（六）内部创业

内部创业，作为一种新兴的创业模式，是指在企业内部，有志于创业的员工在企业的全力支持下，负责某项业务或项目的研究与开发工作，最终与企业共同分享创业成果的过程。在内部创业中，创业者通常无须自行承担投资风险，而是能够充分利用企业已有的丰富资源，如技术、资金、市场渠道等。此外，企业还会在多个方面为创业者提供优惠政策和便利条件，以鼓励和支持他们的创业活动。内部创业因其低成本、低风险的特点，受到了越来越多创业者的青睐和关注。这种模式不仅有助于企业发掘和培养内部人才，还能推动企业的创新与发展。目前，全球众多知名企业，如松下电器、沃尔玛、丰田汽车等，都已在内部成功实施了创业项目，并取得了显著的成果。

作为一种相对独辟蹊径、自力更生的创业方式，内部创业这种模式在资金、设备、人才等各方面都具有十分明显的资源优势。企业本身已经形成一定的规模，可以为内部创业人员提供一定的资金、技术、人才等方面的支持，同时企业在相关机制和管理政策上也会对内部创业进行优待和照顾，创业人员可以充分利用企业已经积累多年的财力、市场、人力以及营销网络等，一展抱负。创业成功了，企业可以丰富自身的经营方式，扩大市场领域，提高市场份额，节约成本，延续企业的发展周期。而个人可以满足自己的创业理想，获得晋升的机会，企业和个人可以达到"双赢"。即使创业失败了，后果也主要由企业来负责，个人所需要承担的责任很小。这样，在创业过程中，个人就不必瞻前顾后，完全可以轻装上阵，也不必为成本担忧。创业者所承受的压力将大大降低，思想包袱也没那么重，有更多的时间和精力投入创业项目上去。

内部创业关乎企业和个人两个方面的利益，如若处理得当，就能达到双赢的局面；如若处理不当，不但个人的创业要宣告失败，而且对企业也会造成一定的损失。因此，内部创业，关键在于正确处理在创业过程中企业和个人创业者之间的关系。

（七）公益创业

公益创业主要指个人、社会组织或者网络等在社会使命感激发下，追求创新效果和社会效果，是面向社会需要、建立新的组织、向公众提供产品或服务的社会活动。公益创业区别于传统的办企业、开公司的创业模式，它以公益取向、进入门槛低、社会服务和创新性等优势为大学生就业提供了一个新的视角。以社会公益为导向，兼顾经济效益与社会效益的大学生公益创业是近年来创业带动就业的新思路。

目前，志愿公益活动是大学生公益创业的主要实践活动形式。在一些高校和社会企业的支持帮助下，通过建立公益创业集群、培育公益组织、孵化公益项目等，以公益事业为目的的营利公司处于初步探索中。

（八）概念创业

概念创业即凭借创意、点子、想法开创的创业活动。概念创业适合本身没有很多资源的创业者，他们需要通过独特的创意来获得各种资源，包括资金、人才等。这些创业概念必须足够新颖，至少在计划进入的行业或领域是个创举，只有这样，才能抢占市场先机、吸引风险投资商的眼球。同时，这些超常规的想法还必须具有可操作性。

1. 概念创业的基本条件

（1）它必须是个创举，至少在所投入的行业或领域，没有人这么做。

（2）只是前无古人还不够，还必须让人眼睛一亮，甚至让人脱口而出："厉害，我怎么没有想到？"

（3）创业者本身没有多少资源，必须凭创业计划书去寻找所需要的资金与搭档。

2. 概念创业的四大模式

（1）异想天开型。在看似异想天开的思维背后，往往蕴藏着巨大的成功机遇。在创业领域，这种奇特的创意同样具有不可忽视的价值，它们有时能成为一种独特的创业资本，以非传统的方式为创业者开辟新的道路。然而，与众不同的创意在创业初期往往面临质疑和嘲笑。那些无法经受住考验的创意可能会如昙花一现，但那些能够坚持下来，并积极将想法转化为实际行动的创业者，往往能够抓住先机、取得优势。

（2）问题解决型。每个人在日常生活中都会碰到或大或小的问题，有人埋怨几声就息事宁人，有人则从自身经历或朋友的困境中发现商机。例如，晚上遛狗时，狗差点被汽车撞了，由此发明了宠物反光衣；发现孩子不会用大人的吸管，就开始生产弯曲吸管等。这一类型的创业者能一针见血地抓住问题的本源所在，并且很快想出解决问题的方法。

（3）异业复制型。创业成功者未必都是新领域中第一个"吃螃蟹"的人，有时他们的创业想法来自成熟领域，只是在某些方面进行了创新。如果没有很好的创意，但很会举一反三，有丰富的联想能力，那么可以试着把一个行业的原创概念复制到另一个行业中。异业复制的好处是有范本可循，不必盲目摸索，但不同行业的经营模式能否复制成功，则是对创业者智慧的考验。

（4）国外移植型。如果经常出国旅游或浏览国外资讯，见多识广，洞察力强，那么可以把国外的新鲜创意搬回来，这是最便捷的创业方式。当然也须注意文化差异，要对国外的创业概念进行本土化改造，以免好创意"水土不服"。

第二节　创业者与创业团队组建

一、创业者

（一）创业者概述

1. 创业者的定义

创业者的概念经历了一个演变的过程。1755 年，法国经济学家坎蒂隆首次将"创业者"的概念引入经济学领域。1880 年，法国经济学家萨伊将创业者描述为将经济资源从生产率较低的区域转移到生产率较高区域的人，并认为创业者是经济活动过程中的代理人，首次给"创业者"做出定义。奥地利政治经济学家约瑟夫·熊彼特认为创业者应该是创新者具有发现和引入新的更好的能赚钱的产品、服务和过程的能力。

创业者的定义分为狭义和广义两种：狭义的创业者是指参与创业活动的核心人员；广义的创业者是指参与创业活动的全部人员。一般情况下，在创业过程中，狭义的创业者会比广义的创业者承担更多的风险，也会获得更多的收益。创业者之所以成功，不是因为他们"走运"而是因为他们足够努力，并且具备了一些有助于其成功创业的独特技能和素质。

国外的研究者提出，将创业者视为"神话人物"是一种认知上的偏差。虽然创业者并非遥不可及的神话形象，但也不是每个人都具备成为成功创业者的素质。成功的创业者不仅要有创造和革新的能力，还须掌握必要的管理和商业技能，并构建广泛的社会网络。创业者还须具备不断提升自我素质的自觉性，致力成为终身的学习者和自我提升者，以确保在创业道路上持续进步并取得成功。

2. 创业者的类型

创业是一种复杂的社会活动和职业行为，可从不同的角度对创业者类型进行划分。这里着重介绍根据创业目标划分的创业者类型。按创业者创业目标的不同，大致可以把创业者分成以下三种类型。

（1）谋生型创业者。谋生型创业者往往是因为迫于生活的压力或是为了使自己的生活条件有所改善才决定创业。这类创业者绝大部分是以小资金起步的，创业范围一般局限在商业贸易领域，也有少量从事实业，但基本上是规模较小的加工业。

（2）投资型创业者。投资型创业者是在已经拥有一定经济基础与实力的基础上进行创业。这类创业者的创业目标主要是获取更大的经济回报。

（3）事业型创业者。事业型创业者把实现自己的人生梦想作为创业的目标，把创办的企业当作自己毕生的事业。这类创业者成就意识很强，不甘于为别人打工，愿意为理想放弃一份稳定的职业。他们之所以选择自主创业是希望通过这一途径来证明自己的能力、实现自我价值，得到社会的认可。这类创业者往往在有了一定的经济基础，经历了市场和社会的磨炼之后，更加明确自己的人生追求。

（二）创业者的素质与能力

1. 创业者的基本素质

创业素质是创业行动和创业者所需要的主体要素，包括知识、技能、经验和人格等。

《现代汉语词典》把"素质"解释为事物本来的性质；素养；心理学上指人的神经系统和感觉器官上的先天的特点。素质是能力发展的基础。对于创业者而言，具备优秀的素质，就为开创自己的事业打下了良好的基础。创业者应具备如下素质。

（1）诚信为本。诚信就是诚实无欺、信守诺言、言行相符、表里如一。诚信不仅是为人处世的基本准则，更是经商之魂。在创业经商过程中，诚信是第一品质，是创业者的"金质名片"，也是各种商业活动的最佳竞争利器。

（2）直觉敏锐。企业繁荣的基石在于创业者所展现的灵活敏锐的商业意识。成功的创业者往往具备一种非凡的直觉，这种直觉使他们在相似的资源条件和市场环境中能够脱颖而出。面对相同的起点，为何有的创业者能够取得显著的成就，有的则成果平平？为何有的创业者投入巨大却收获微薄，甚至以失败告终？其中的关键便在于创业者是否能够敏锐地捕捉商机和市场的脉搏。这种对商机和市场的敏锐直觉，正是区分不同创业者成就的重要因素。

（3）把握机遇。机遇往往是留给那些有准备的人，当机遇来临时，具备把握机遇素质的人往往能拔得头筹。对于创业者来说，机遇稍纵即逝。因此需要创业者在不断的市场磨砺中把握住机遇，成就一番事业。

（4）追求创新。创业者应该具有不满足于维持现状的意识和不断追求创新的精神。创新是推动经济和社会发展的主导力量，是一个民族兴旺发达、长盛不衰的动力源泉。纵观古今中外，人类的发展正是通过不断的创新，推动人类不断往前发展。创新是立业之本，创业是更高水平的创新。

（5）敢于竞争。创业者需要展现出一股敢于直面竞争的勇气，他们要在市场经济的浪潮中奋力拼搏，不断前行。竞争是经济领域中的常态，它源于市场主体为了追求各自利益而相互超越的行为和过程。竞争不仅推动经济的繁荣与发展，也促进了社会的进步。在竞争的过程中，创业者必须恪守自愿、平等、公平和诚实信用的原则，同时尊重并遵守公认的商业道德，绝不可滥用竞争权利，以确保市场的健康与有序。

创业者完全具备以上素质是很困难的，创业者也不可能完全具备这些素质后才去创业，但创业者应该自觉地不断学习和实践，注重提高自身的综合素质。

2. 创业者的必备能力

创业是一项具有挑战性的社会活动，是对创业者综合能力的一种全方位考验。创业能力是实施创业和决定创业能否成功的关键。在现代社会，竞争日趋激烈，一个人能否在竞争中占据优势、成功创业，主要取决于他所拥有的或者能够运用的各种能力。创业者应具备以下六种能力。

（1）创新能力。创新能力是白手起家创业者的生命源泉。"创新不仅仅是从无到有地创造某种产品和服务，更多的情况是在以往的基础上对原有产品和方式、方法的改进。创业者的创新能力往往体现在技术、管理和营销上的创新。"①从某种意义上来讲，创新能力就是不断反思追问的能力。创业本身就是一项创新活动，很多未知的或不可预料的因素掺杂其间。创业就是开创一项事业，没有一种可以复制的模式让我们一劳永逸。一个新的管理理念或是新开发的产品，往往会给创业者带来惊人的回报。

（2）学习能力。随着科技进步的发展，当前社会已处于高度信息化的竞争社会。面对日益复杂的市场竞争与合作关系、日新月异的科学技术手段、不断更新的管理理念以及各种管理手段，创业者只有不断学习才能应对时代潮流的冲击与要求。

学习能力主要是指制定学习目标和计划的能力、阅读能力、分析归纳能力、信息检索能力等自学能力。培养良好的学习能力应注意以下三点：

一是心态归零，吐故纳新。不满于已取得的成绩和能力，从零开始，保持对环境变化的敏感度，不断学习新知识。

二是精益求精，学有所长。对于创业者而言，学到的知识越多，其能力就越会增强。但是人的精力是有限的，"门门精通"往往会变成"门门不通"。创业者应该学会选择，在某些领域要精益求精，具备一技之长；在某些领域仅需涉猎。既可以在技术上独当一面，又可以在管理上游刃有余。

三是开阔视野，终身学习。学习能力的表现之一就是善于发现学习的榜样，取长补短。如果仅仅局限在一个小的范围内，视野得不到开阔，就会变成"井底之蛙"，丧失学习的动力和能力。只有走出去，不断接触新事物和新观点才能不断地找到自身的差距。社会的发展越来越看重能力，创业者不能因为获得了大学

---

① 张丽，李智永. 大学生就业与创业教程 [M]. 武汉：武汉大学出版社，2017：118.

文凭就停止学习，而是要终身学习。

（3）合作能力。每个人的能力都有限度，善于与别人合作的人，才能够弥补自己能力的不足，达到原本达不到的目的。

创业者之所以需要寻求合作，首要原因在于个人能力的局限性，以及不同个体间能力素质的互补性。为了与他人有效合作并取得成果，首先，创业者需要深入了解自己，明确自己的性格类型、素质特点以及能力专长，并据此设定一个与自身条件相匹配的工作目标。其次，创业者需要细心分析潜在合作伙伴的特点，识别出彼此间的互补性和差异性。只有这样才能真正找到合作伙伴，并与其一道为共同的创业理想携手合作。

创业过程中与伙伴合作要注意以下两个方面：一是平等合作。与合作伙伴在人格上是完全平等的，是为了一个共同的目标走到一起的。二是互利合作。合作者之间的互惠互助，是合作者为了某些共同目标和利益需求，在一定基础上进行的物质和精神的相互配合协作。

（4）经营管理能力。经营管理能力在较高层次上决定了创业实践活动的效率和成败。经营管理能力是指对人员、资金的管理能力，涉及人员的选择、使用、组合和优化，也涉及资金聚集、核算、分配、使用、流动。经营管理能力的形成要从学会经营学会管理、学会用人、学会理财几个方面去努力。

创业者一旦确定了创业目标，就要组织实施，为了在激烈的市场竞争中取得优势，必须学会经营，学会质量管理，坚持效益最佳原则。要敢于对企业、员工、消费者、顾客负责，保持高度的社会责任感。

市场经济的竞争是人才的竞争，创业者必须学会用人，不仅要吸纳德才兼备、志同道合者，还要善于吸纳比自己强或有专长的人共同创业。

（5）分析决策能力。只有在进行深刻的科学分析的基础上，才能做出正确的创业决定。分析问题的能力主要有三点：一要做有心人。平时多进行市场调查，在调查的基础上进行决策。二要养成多思考的习惯，对可能出现的结果进行分析，同时准备好应对的措施。三要向同行学习，集思广益。决策能力是各种综合能力的体现，它包括前瞻性、全局性、果断性、正确性等内容。具体表现，一是选择最佳方案的决策能力；二是风险决策能力；三是当机立断的决策魄力。

（6）人际交往能力。人际交往能力是创业者发展和巩固其人脉资源的重要保障。人际交往能力主要表现在表达能力和反应能力两个方面：

表达能力是充分、有效地将自己的观点阐释给对方的能力。充分、有效地表达能够使大家领悟企业目标、面临环境和工作对策，能够使大家为更加有效地完成共同的目标而努力。

反应能力是表达能力的有效补充，良好的反应能力能够帮助表达者随时领会和把握表达对象的需求和对表达内容的理解，有效调整表达方式和内容。

二、创建团队的组建

（一）成功创业团队的基本特征

创业团队，是一个由技能各异、互补性强的少数创业者组成的协作群体。这些创业者会聚一堂，旨在实现共同的创业目标，并通过一套明确的责任分担机制，确保团队运作的高效性。他们共同努力，追求高品质的成果，以实现团队的整体价值。成功的创业团队，不仅在目标、理想和理念上保持一致，还在文化和价值观方面有着高度的共识。

一般而言，一个成功的创业团队运作应具备以下特征。

1. 具有坚强的凝聚力

团队并非简单的几个人的集合，它是由一群有共同理想、能同甘共苦的人组合成的，在这个组合中，成败属于整体而非个人，成员不但同甘共苦，而且公开合理地分享经营成果，整个团队具有坚强的凝聚力与一体感。

2. 团队利益、长远利益至上

每一位团队成员都能充分认识到个人利益是建立在团队利益的基础之上的，自觉将集体利益置于个人利益之上，团队中每一位成员的价值，表现为其对于团队整体价值的贡献。正确处理好短期利益和长期利益的关系，不能用牺牲长远利益的办法来换取短期利益，尤其在创业之初，团队成员要发扬奋斗的精神，不计较眼前的短期薪金福利、津贴，而将创业目标放在成功后的利益分享上。

3. 坚持正确的经营原则

一个成功的创业团队必须坚守顾客第一、质量至上、保障工作安全与员工福利、无欺诈等正确的经营原则，并以此作为组建团队的基本理念，具体落实到企业的各项规章制度之中。

4. 切实做到对企业的长期承诺

对于企业经营成功给予长期的承诺，每一位成员均了解企业在成功之前将会面临一段艰苦的挑战，因此承诺不会因为一时利益或困难而退出，并同意将股票集中管理，如有特殊原因而提前退出团队者，必须以票面价值将股权出售给原公司团队。

5. 致力于创造企业价值

创业本质上是一项追求新价值创造的事业。因此，每个创业团队的核心使命都应当聚焦于创造新的企业价值。团队成员应达成共识，将创造新企业价值视为创业活动的核心目标。同时，团队成员需要认识到，只有当新企业不断发展并实现价值增值时，每个人的利益才能得到切实保障。

6. 合理分配股权

团队成员的股权分配不一定要均等，但需要合理、透明与公平。通常主要贡献者会拥有比较多的股权，但只要与他们所创造的价值、贡献能相匹配，就是一种合理的股权分配。平均分配股权并不能体现权、责、利的统一，无助于企业的发展和团队成员积极性的发挥。如果创业者碍于面子，不根据团队成员的才能、贡献分配股权或没有一个合理的股权分配机制，就会挫伤团队成员的积极性，也会造成团队的分裂。

7. 公平弹性的利益分配机制

创业之初的股权分配与以后创业过程中的贡献往往并不一致，常会发生某些具有显著贡献的团队成员拥有股权数较低，贡献与报酬不一致的不公平现象。因此好的创业团队需要有一套公平弹性的利益分配机制，来弥补上述不公平的现象。例如，企业可以保留 10% 盈余或股权，用来奖赏以后有显著贡献的创业成员。

8. 合理分享经营成果

这里的讨论不限于创业团队成员的分配机制，而是扩展到整个企业的员工分配制度。一个公平且合理的分配制度对于确保企业长期稳健发展至关重要。这种制度旨在让所有员工，包括团队成员和基层员工，都能共同分享企业经营的成果。在国外企业中，常见的是将一部分利润分配给关键岗位的员工，比例通常在10%～20%，以此激励员工为企业发展做出贡献。在我国，特别是在成功的高新技术企业中，员工持股制度被广泛应用。这一制度让员工能够合理分享企业的经营成果，增强了员工的归属感和忠诚度，有助于企业的长期稳定发展。

9. 专业能力的完美搭配

创业者寻找团队成员的目的，主要在于弥补创业目标与当前能力的差距所需要的配套成员。一个好的创业团队，成员之间要有良好的能力互补，而这种能力互补既有助于强化团队成员间彼此的合作，又能保证整个团队的战斗力，更好地发挥团队的作用。

当然，创业团队也并非一蹴而就，往往是在新企业发展过程中才逐渐孕育形成的。在这一过程中，创业成员也可能因为理念不合等原因，在创业过程中不断替换。有人统计过，在美国创业团队成员的分手率要高于离婚率，由此可见团队组成的不易。虽然有诸多不易，团队组成与团队运作水平对创业集资与创业成败都具有关键影响力，因此创业者必须重视如何发展创业团队的问题，并培养自己在这一方面的能力。

（二）创业团队的组建

1. 创业团队的构成原则

创业团队的构成应遵循以下三点原则。

（1）互补原则。创业者之所以寻求团队合作，其目的就在于弥补创业目标与自身能力间的差距，当团队成员相互间在知识、技能、经验等方面实现互补时，才有可能通过相互协作产生"1+1>2"的协同效应。

（2）精简高效原则。为了减少创业期的运作成本、最大比例地分享成果，创业团队人员构成应在保证高效运作的前提下尽量精简。

（3）动态开放原则。创业过程是一个充满了不确定性的过程，团队中可能因为能力、观念等多种原因不断有人离开，同时也有人要求加入。因此在组建创业团队时，应注意保持团队的动态性和开放性，使真正完美匹配的人员能被吸纳到创业团队中来。

2. 创业团队组建的程序

创业团队的组建是一个相当复杂的过程，不同类型的创业项目所需的团队不一样，创建步骤也不完全相同。概括来讲，大致的组建程序如下。

（1）明确创业目标。总目标确定之后，为了推动团队最终实现创业目标，再将总目标加以分解，设定若干可行的、阶段性的子目标。

（2）制订创业计划。一份完整的创业计划，必然包含创业核心团队的计划和人力资源计划。通过创业计划可以进一步明确创业团队的具体需求，如人员的构成、素质和能力要求、数量要求等，创业团队的组建需要契合创业计划的要求，以匹配创业项目的运作。

（3）招募合适的人员。在构建创业团队的过程中，招募合适的人员无疑是至关重要的第一步。关于团队成员的招募，我们需要着重考虑两个方面。首先，是团队成员之间的互补性。一个成功的创业团队至少需要涵盖管理、技术和营销这三个核心领域的人才。只有当这些不同领域的人才能够建立起良好的沟通和协作关系时，团队才能保持稳定并高效运转。这种互补性确保了团队在决策、执行和推广等方面拥有全面的能力。其次，要考虑团队的适度规模。适度的团队规模是确保团队高效运作的重要因素。团队成员过少可能无法充分发挥团队的功能和优势，而过多则可能导致沟通障碍，甚至使团队分裂成多个小团体，从而削弱团队的凝聚力。一般来说，创业团队的规模控制在 2~12 人是比较理想的，这样的规模既保证了团队的灵活性，又确保了成员之间的紧密合作。

（4）职权划分。创业团队的职权划分就是根据执行创业计划的需要，具体确定每个团队成员所要担负的职责以及所享有的相应权限。

（5）构建创业团队制度体系。创业团队制度体系体现了创业团队对成员的控制和激励能力，主要包括团队的各种约束制度和各种激励制度。

（6）团队的调整融合。随着团队的运作，团队组建时在人员匹配、制度设计、职权划分等方面的不合理之处还会逐渐暴露出来，这时就需要对团队进行调整融合，这是一个动态持续的过程。

3. 创业团队的组建策略

创业团队的组建，没有统一的程式化规程。创业者走到一起，多是机缘巧合、兴趣相同、技术相同、同事朋友，甚至是有相同的想法的人都可以合伙创业。

创建团队，就是一个寻找人才的过程。而新企业由于自身的竞争实力难以与成功的大企业相比，而所需的人才又要求较高，这就造成了创业团队的组建困境。创业者如何解决这个问题，是考验其领导才能的关键。创业者在招聘时，并不是高薪就能吸引人才，新创企业的企业愿景、蓬勃的活力、优秀的企业文化才是吸引人才加入的因素。对于想加入创业的人员来说，创业者的个人魅力、公司的发展潜力、长远回报、个人价值等因素对他们的吸引远比单纯的钱财要大得多。组建团队，创业者应遵循以下原则。

（1）具有共同理想，利益兼顾。在创业初期，人们通常会倾向于邀请志同道合的同学、室友或同事作为合伙人，共同组建创业团队。这种基于共同理想、技能和兴趣的团队形成方式，使成员间有着深厚的相互了解和共同奋斗的动力。在创业初期，当公司利润尚未显现时，创业者与合伙人往往更加关注公司利益，以友谊为纽带，共同为公司的未来努力。这种看似牢固的合伙人关系也潜藏着风险。随着企业步入正轨，运营稳定且利润增加，个人的利益观念逐渐凸显。当合伙人之间出现付出与回报感知的不平衡时，容易引发不满情绪，甚至可能导致某些成员离开团队，从而影响公司的持续发展。因此，在组建团队时，即使是与最亲密的朋友合作，也应建立一个合理的利益分配制度，并确保所有合伙人都能理解和支持这一制度。同时，考虑建立一个制度健全的公司组织形式与绩效制度也是至关重要的。这样，即使某个成员离开，公司也能依靠完善的制度和流程继续运作，为公司的发展奠定坚实的基础。

（2）技能与优势互补。建立一支互补性的团队有利于公司的发展。在组建创业团队时，应强调这种补缺性是指在性格、能力、观念，甚至是技术上的互补，因为创业者在公司的管理上不可能面面俱到。技术型的创业者需要一个管理人才，帮助自己建立公司的组织结构并进行日常的绩效监督，财务的管理也需要专业的人员，当创业者自己不能做这些工作时，可以由团队成员共同提出解决方案。这种平衡和补充的作用可以保证新创的企业健康发展。

（3）追求稳定。一开始就拥有一支成功的、不变的创业团队是每一个创业者的梦想，但现实是，创业合伙人分手的概率是很大的，即使企业成功地存活下来并得到发展，创业团队仍然有分手的可能，团队成员的离去有可能带走股份或需要收购股权，造成公司的资金紧张。如果团队成员急于离开，创业者就应该考虑是不是公司的管理出了问题并及时与团队成员沟通，解决问题。公司发展的初期团队成员的离开，有时会造成"灾难性后果"，这一点创业者应当在招募时就想到，并与团队成员做出约定。

（4）重视计划与沟通。创业者在组建团队时，首先应制订一份计划，至少应该在心里有一个明确的想法如需要哪方面的人，希望对方从事什么工作，能够给予对方哪些有利条件等。沟通在心理学领域是非常重要的技巧，创业者应当成为一个沟通高手，通过沟通，双方都了解彼此的需要，这样可以更好地找到合适人选。在创业初期，各项业务开展会遇到障碍，这需要团队成员有充分的准备，若有成员离开，可能会导致新公司倒闭，这时团队沟通就显得格外重要。一方面，通过沟通可以使团队成员相互了解，增加信任；另一方面，创业者也可以通过沟通理解团队成员的技能优势、思想状态，提前决策。

（5）寻找相同或相似背景的伙伴。创业团队成员若拥有共同的理想、相似的背景以及长时间的相互了解，能够带来默契，有助于在面临个人与集体利益冲突时顺畅沟通，迅速解决问题。然而，这种基于相似性和默契的团队构成也可能导致团队在思维和技能上的单调性。以技术类创业者为例，他们可能首先在自己的技术圈子中寻找合作伙伴，这种选择固然有其便利性，但也可能限制了团队在多元领域的视野和能力。因此，在组建创业团队时，需要有一个全面的团队建设方案，并注重人员的多元化搭配。为了构建更加全面和高效的团队，创业者应当有意识地跳出自己的舒适圈，积极寻找那些与自己在技能、经验和思维方式上完全不同的人才。这样的团队组合将带来更为丰富的视角和创造力，有助于应对创业过程中可能出现的各种挑战，从而提高创业成功的可能性。

●●●● 第三节　创业计划的制订与实施

一、创业计划的制订

创业计划是对与创业项目有关的所有事项进行总体安排的文件。创业计划包括商业前景展望、创业团队的组建、创业资金的预估、创业的物质准备等各种资源的整合以及经营思想、战略的确定等，是为创业项目制定的一份完整、具体、深入的行动指南。

创业计划能够有理有据地说明企业的发展目标以及实现目标的时间、方式和所需的资源，因此，在创业前制订一个较为完善的计划是非常有意义的。

(一) 制订创业计划的意义

1. 明确创业的方向和目标

创业者将自己的创意以创业计划书的形式表现出来，可以冷静地分析自己的创业理想是否真正切实可行，清醒地认识自己的创业机会，明确自己的方向和目标，进而规划创业蓝图。

2. 为周密安排创业活动提供依据

创业计划是一份详尽的规划文档，它涵盖了创业活动的各个方面，包括但不限于创业类型、资金筹措与规划、分阶段达成的目标、财务预测、营销策略、潜在风险评估以及内部管理策略等。制订创业计划有助于创业者对产品开发、市场拓展、投资回收等关键战略决策进行深思熟虑，并在此基础上构建清晰具体的运营计划。这样的计划能够为创业者提供一个周密的行动指南，确保创业活动的有序进行，并为日常的有效管理提供科学依据。

3. 是寻求外部资源支持的有效途径

创业计划的阅读者包括可能的投资人、合作伙伴、供应商、顾客等，完善的创业计划可以使他人了解创业项目及创业构想，有利于创业者寻求外部资源的支持。例如，创业计划有利于创业者与供应商、经销商等中介机构进行沟通，取得他们的信任和支持，为企业的发展创造良好的外部环境；创业者可以凭借创业计划去说服他人合资、投资或入股以募得创业基金。

（二）创业计划的内容

创业计划应该详细描述创业项目的经营目标、为实现目标将采取的战略、创业实体的组织结构、创业项目运营需要的资金等。在现实中，创业者制订的创业计划的内容、结构特点和写作风格是各不相同的，其计划的侧重点也有差异，这与创业的复杂性、竞争环境、不确定性程度以及创业者的管理风格等因素有关。但不管什么类型的创业计划，一般来说，在创业计划书中都应该包括以下八部分内容。

1. 创业计划摘要

在创业计划摘要中，一般要突出以下重要内容。

（1）创业项目简介，主要包括创业理念的简单描述、创办企业的名称、联系方式和重要联系人等，还应简要介绍创办企业的类型和法律形式、企业业务范畴和经营目标。

（2）产品或服务介绍，即介绍产品或服务的开发情况、产品或服务的特点等。

（3）目标市场分析，即应列出将要进入的目标市场及选择这一目标市场的原因、市场发展趋势，同时还要提供市场调研和研究分析的结果。

（4）营销策略分析，即说明如何进入目标市场、主要的营销策略是什么。

（5）竞争优势分析，即描述有关市场的竞争状况，分析企业能够在竞争中获得成功的原因，阐明企业产品或服务的优势。

（6）管理团队介绍，即说明管理团队的背景和能力，特别是企业创始人和主要决策人的情况。

（7）生产管理计划，重点介绍如何组织和开发生产能力，包括生产制造的方式、生产设备、工艺流程等。

（8）财务计划，报告未来三年的预期销售额和利润以及项目所需资金的总额、来源、筹资方式、资金运用计划和投资者的回报等。

（9）企业长期发展目标介绍，主要介绍企业未来几年的发展计划。

2．企业介绍

企业介绍的主要内容包括以下三个方面。

（1）企业理念，即描述企业理念以让人们相信自己的企业能为客户带来利益，满足客户要求，这是创业者的经营理念。

（2）企业的基本情况，即简要介绍企业名称、成立时间、注册地点、经营场所、企业的法律形式、法人代表、注册资本、主要股东、股份比例等，重点介绍企业未来发展的详尽规划，企业近期及未来 3~5 年的发展方向、发展战略和要实现的目标。

（3）企业的发展阶段，即说明企业创立时的情况、早期发展情况、稳定发展期的情况、扩张期的情况，以及企业合并、重组或稳固地占领市场等情况。

3．产品或服务

通常，产品或服务介绍应包括以下六个方面的内容：

（1）产品或服务的基本描述，即主要介绍产品或服务的性能和用途，有什么独特性能，能给用户带来什么好处，等等。

（2）产品或服务的竞争优势描述，即阐明产品或服务与现有的同类产品或服务相比有什么优越性能。

（3）产品或服务的研究和开发情况描述，主要阐述企业或技术骨干以往的研究与开发成果及其技术的先进性（包括技术鉴定情况，获国际、国家、省、市及有关部门和机构奖励情况），产品或服务的行业标准和质量检测标准情况，在技术与产品或服务开发方面同国内外竞争对手的比较情况，以及企业为提高竞争力拟采取的措施，等等。

（4）开发新产品或服务的技术和成本分析，分析内容包括：在技术开发方面已经投入的资金总额是多少，计划再投入多少开发资金（列表说明每年购置的开发设备、开发人员工资、试验检测费用以及与开发有关的其他费用）；企业今后的开发方向、开发重点和正在开发的技术、产品或服务；企业现有技术开发资源以及技术储备情况；企业寻求技术开发依托（如大学、研究所等）情况和合作方式；企业将采取怎样的激励机制和措施以保持关键技术人员和技术队伍的稳定。

（5）产品或服务的市场前景预测，主要结合产品或服务的特征来对市场前景进行分析预测。

（6）产品或服务的品牌和专利，主要说明企业为自己的产品或服务采取了何种保护措施，拥有哪些专利、许可证，或与已申请专利的厂家达成了哪些协议，等等。

4. 市场分析与营销策略

当企业要开发一种新产品或向新的市场扩展时，首先要进行市场分析和预测，其次针对目标市场制定营销策略。

（1）市场分析的内容主要包括目标顾客和目标市场，市场容量和未来市场的发展趋势，企业在市场竞争中的地位、竞争对手的情况以及各自的竞争优势，预计的市场份额和销售额。

（2）营销策略的内容主要包括市场机构和营销渠道的选择，价格制定、促销手段的确定、销售网络的建立等各方面拟采取的策略。

5. 产品制造

创业计划中若涉及生产制造计划，一般要介绍产品的生产制造方式、生产设备的情况和质量控制情况等。

6. 管理团队

一个企业的成功与否，归根结底取决于其是否拥有一支高效、团结的管理团队。一个出色的管理团队能够敏锐地捕捉市场中的商业机会，并通过高效执行实现企业的既定目标。因此，在编制创业计划时，务必清晰地阐述企业的管理架构以及主要管理人员的背景和能力。特别要强调管理团队的凝聚力和战斗力，以展现其协同作战、共同面对挑战的决心和能力。

7. 财务管理

战略伙伴和创业投资者最关心企业经营的财务损益情况，从中判断自己的投资能否获得预期的回报，这是决定战略合伙人是否加盟、创业投资者是否投资的关键因素。因此，创业计划中必须分析介绍企业的资金运营情况及投资者的回报情况等。

8. 附录

这部分包括与创业计划相关但不宜放在前面的一些内容，如企业的组织结构图、产品说明书或推广照片、设施或技术的分析，现金流量表、资产负债表等。通常，附录对于提高创业计划的质量有着重要的作用，对于创业者获取外部资源的支持有着特殊意义。

由此看来，一份理想的创业计划，必须能够"提供投资者评估时所需要的信息，使其能对众多的创业者所提出的创业计划进行有效率的筛选分析，迅速挑选出适合的投资方案，以缩短评估决策所花费的时间"；[①] 必须能够清楚地告知投资者有关企业经营与发展的过程与结果，明确指出公司内部的优势与劣势、外部的机会与威胁、可能遭遇的问题以及预期的经营结果；必须能够为投资者提供详细的投资报酬分析，因为投资者最关心的是可获得多少投资报酬以及如何回收投资资金，一份详细的资金运用与财务分析报表是投资者所迫切需要的。

（三）制订创业计划的原则

对于创业者来说，制订创业计划的最主要目的还是吸引投资者的注意。所以创业者只有提供充分的创业信息与丰厚的投资报酬机会，满足投资者在评估与投资决策上的信息需求，才能在最短时间内筹集到所需的创业资金。因此，制订创业计划的基本原则是满足投资者的期望。

创业者在制订创业计划时要遵循以下三点原则和要求。

（1）呈现竞争优势与投资利益。创业计划应明确指出投资者的利益所在，而且要显示经营者创造利润的强烈意图而不仅是追求企业发展。撰写创业计划书的目的是获得投资，因此，计划的设计应当从投资者的角度来考虑。

（2）呈现市场分析。利润来自市场的需求，因此创业计划书应以市场导向的观点来撰写，并充分显示对于市场现状的掌握、未来发展趋势与具体能取得的成

---

① 景红芹. 就业与创业指导 [M]. 武汉：华中师范大学出版社，2014：124.

就。分析问题时，要明确说明所依据的调查方法与事实证据以及所采用的财务预估方法与会计方法等。创业计划书中一切数字要尽量客观、实际，切勿凭主观臆断估计。

（3）呈现企业生产经营能力。创业计划应全面涵盖企业经营的各个功能要素，旨在为投资者提供评估所需的详细且精简的信息，并辅以必要的佐证资料，以确保内容简明扼要，避免冗长烦琐。计划应充分展现新创企业的生产经营能力，以及背后丰富的经验背景，同时强调企业对于所处产业、市场、产品、技术等方面的深入了解，以及对未来营运策略的全面规划。

创业者在制订创业计划时除了遵循以上原则，还应该特别注意以下三个方面的问题。

第一，要认真分析创业项目的市场价值。制订创业计划时应认真分析创业项目的市场价值，如市场规模有多大、成长速度有多快、利润有多高、投资回报率有多少等。

第二，应该让团队所有成员参与创业计划。一份创业计划仅有精心包装和诱人的回报是不够的，创业计划要让每一位成员清楚创业者的目标任务。

第三，其他问题。创业计划中不要讲模棱两可、模糊不清的话；语言不要过于专业化；不要过分讲究创业计划的包装而忽略了其本质内容；遇到现实需求时，不要把时间浪费在撰写计划上；资金未入账之前，不要假定自己已经成功了。

（四）创业计划书的编写

1. 创业计划书的结构

一份完整的创业计划书通常由以下两个部分组成。

（1）封面和扉页。封面的设计要有美感和艺术性，一个美观的封面会使阅读者产生最初的好感，形成良好的第一印象。

封面通常包括创业计划编号、企业名称、创业者姓名、企业地址、联系电话、传真号码、电子邮件、通信地址、日期等内容。

扉页一般为保密承诺。在保密承诺中，要注明创业计划属于商业机密，所有权属于某公司或某项目，未经同意，其他任何人不得将计划全部或部分地予以复制、传递、影印泄露或散布给他人。

（2）基本内容。创业计划书的基本内容在前文已做过详细介绍，此处要强调的是，为了方便阅读和查找，应该在基本内容之前设置目录或摘要。在具体编写创业计划的基本内容时，各个部分的顺序可能会有所调整。

2. 创业计划书的编写方案及注意事项

（1）创业计划书的编写步骤

编写创业计划书要经历以下几步：

准备阶段：创业计划书的编写涉及的内容较多，因而制订创业计划前必须进行周密安排，主要有以下一些准备工作：确定创业计划的目的与宗旨；组成创业计划工作小组；制订创业计划编写计划；确定创业计划的种类与总体框架；制订创业计划编写的日程安排与人员分工。

获取资料阶段：在制订创业计划时，首先应以总体框架为指导，明确创业的目的与宗旨。随后，围绕这些核心目标，创业者需要系统地搜集和分析内部与外部资料。这些资料包括但不限于创业企业所在行业的发展趋势、产品市场定位与需求信息、产品测试与实验数据、竞争对手的经营状况、同类企业的组织架构，以及行业同类企业的财务报表等。资料调查的方法可分为两种：实地调查和收集二手资料。实地调查通过直接观察、访谈等手段，能够获取到创业所需的第一手真实资料，对于了解市场环境和客户需求至关重要。然而，这种方法往往需要投入大量的时间和资金。相比之下，收集二手资料则更为便捷，可以通过网络、书籍、报告等途径轻松获取。但需要注意的是，二手资料的可靠性和时效性可能存在一定的局限性。

创业计划的形成阶段：创业计划的形成阶段要完成以下几项任务：①拟订创业执行纲要，主要是创业各项目的概要。②草拟创业计划初稿。依据创业执行纲要编写包含创业企业的市场竞争及销售、组织与管理、技术与工艺、财务计划、融资方案以及风险分析等内容的创业计划草稿，初步形成较为完整的创业计划方案。③修改完善。创业计划小组在这一阶段对创业计划进行广泛调查并征求多方意见，进而提出一份较为满意的创业计划方案。④创业计划定稿。形成定稿，并印制成正式创业计划文本。

（2）创业计划书编写的注意事项。编写创业计划书要注意以下几点：①重点突出，注重时效。每一份创业计划都应有自己独特的个性，特别要突出创业项目的独特优势及竞争力。另外，要注意创业计划中所使用资料的时效性，对于周期比较长的创业计划应及时更新有关资料。②描述的对象要清楚明白。创业计划书中对产品或服务的描述应具体、清楚；财务分析要形象、直观，尽可能地采用图表描述；对于战略、市场分析、营销策略、创业团队要使用管理学术语，尽可能做到规范化、科学化。③前后内容一致，由一人定稿。创业计划内容多，涉及面广，因此，有时需要创业小组分工完成，但应由总负责人统一协调定稿，以免出现创业计划零散、不连贯、文风相异等问题。④内容详略得当。创业计划要详略得当、突出优势，机密部分略为简化，以防泄密。⑤注意保密。创业计划往往具有巨大的商业价值或涉及一些技术或商业机密，因此要求投资者阅读创业计划后对其内容进行保密是合理的，也是必要的。

（五）创业计划书的评估

创业是人生的一件大事，也是改变人生命运的关键，因此，创业绝不能操之过急。一旦决定走创业的道路，就一定要找出自己创业的竞争优势，然后在这一优势的基础上进行构想。评估创业计划是否可行是创业活动的必要环节，因此在创业之前和创业的过程中要时时对创业计划进行评估，这样才能大大提高创业行动的有效性。

创业计划书即使再完美也很难一次性到位，它的编制是一个循序渐进的过程。在计划书完成以后仍然可以进一步论证创业计划的可行性，并根据信息的积累和市场的变化不断完善整个计划。

因创业计划不完善而失败是可惜的，如果能对创业计划进行及时的评估，也许可以避免创业项目在实施之前就夭折的后果。在做创业计划的过程中，要反复审阅创业计划书的内容，向尽可能多的人征求意见。

二、创业计划的实施

(一) 明确创业构思，确定经营项目

一个成功的企业始于创业者正确的创业意识和创业项目构思。对创业项目有一个周密的构思和合理的选择就可以避免日后失败的风险，顺利实现创业的目标。

1. 明确创业构思

创业构思是创业活动的前提，它来源于创业主体在实践中对客观存在的观察和思考。

(1) 创业要有针对性。创业项目的制定要从顾客的需求出发，充分考虑顾客的合理要求，满足市场的迫切需要，使项目的产品"适销对路"。

有需求就有市场，有市场就有利润可图，而有利润就有创业成功的可能。因此，创业者应该对市场的需要具有敏锐的洞察力，善于发现市场的需要，"因地制宜"往往能够出其不意地获得成功。

(2) 构思要有创新。对于打算创业的毕业生来说，创办小企业更为切实可行，而小企业的经营哲学是"无边界行为，快速敏捷反应，简化和充分的自信"。因此，中职毕业生应密切注视人们新的需求，善于捕捉别人没有发现的商机，及时发现新产品、新技术、新服务、新方法，果断调整自我，开发新项目。

(3) 构思要立足于自己熟悉的领域，不可以盲目地跟风。毕业生通过在校学习，已具备了一定的专业知识，但由于未涉足过社会，因此商业意识、社会经验、企业管理等方面都很欠缺。因此，在创业时一定要选择适合自己发展的行业，充分发挥自己的知识优势，不要盲目地跟风。

2. 正确选择经营项目

准备从事个体经营活动的毕业生，应根据自己的专业特长和所在地区的实际情况选择当地群众急需而又紧缺的行业，即大众需要而国有和集体企业尚未经营或经营不当的行业，从事个体经营。为了减少投资失误的风险，提高创业成功的可能性，在形成创办企业项目的构思以后，还必须对项目的可行性进行验证分析。

（二）做好创业前的准备

在有了明确的创业项目之后，创业者应该做好创业的一切准备，不打无准备之仗。

1. 熟悉相关行业

一旦确定了创业的相关项目，首要任务是迅速深入了解和熟悉该领域。这不仅局限于掌握相关的专业知识和技能，更重要的是，要洞悉该行业的经营管理特点、顾客需求的特性，以及原料、人力等资源的供应渠道。同时，还需关注同行业内其他企业的现状，以及竞争对手的情况。通过全面熟悉和了解这些方面，创业者可以对创业项目做出必要的调整，甚至重新选择，以确保项目的可行性和竞争力。在项目实施过程中，这种深入的了解将使创业者更加主动，能够灵活应对各种挑战，以确保项目的顺利实现。

2. 编织关系网络

创业过程实际上就是一个各种关系网的组建过程。有志自主创业的毕业生，在创办企业前应多参加社交活动，扩充自己的社交圈子，工商、税务、银行、行业主管部门、大客户要尽量亲自拜访，以形成一个服务于企业未来发展的关系网。

3. 预测创业结果

在选定创业项目后，要认真分析手中现有的资源和信息，大胆地预测创业结果，以此来培养自己敏锐的洞察力。

在对创业结果进行预测时，应对可能出现的各种创业结果考虑周全，以便有全面的心理准备和应对策略，既向最好处努力，又要做最坏的打算。

4. 编写创业计划书

创业计划书主要是依据市场提供的信息来完成的，创业者应该对创业项目运行所需的宏观及微观环境做全面深入的市场调查，以确定是否选择该项目进行投资开发，全面了解其可行性、风险性及发展前景。

创业计划书完成以后，应向尽可能多的人征求意见，反复审阅创业计划书的内容，直到满意为止。创业者应该认识到，创业计划书提供的并不是在现实中测试创业项目的机会，只有通过认真审定这份纸面上的计划，才能决定创业实践中的取舍。

（三）组建创业团队

现代社会高度信息化，社会分工越来越细，靠一个人单枪匹马地创业，成功机会越来越少。因此，团队创业成为当代年轻人创业的主流模式。没有人会拥有创立运营企业所需的全部技能、经验、人脉或者声誉。而组成团队以后，就可以实现优势互补，大大提高创业的成功率。即使再好的项目，如果企业不能拥有自己优势的核心人力资源，成功的可能性也几乎为零。如果在创业初期就能组织一个优势互补的团队，那么就可以合理利用每一个成员的知识和技能协同工作，解决问题，大大提高工作绩效。

一个稳固的创业团队是创业成功的基石。对于有志于创业的个体来说，构建一个稳定、互补的创业团队至关重要。实现团队的互补性，关键在于团队成员在知识、能力、心理特征、教育背景以及家庭环境等方面的差异。通过每个成员发挥各自的优势，弥补彼此的不足，可以构建出一个在知识、能力、性格和人际关系资源等方面全面发展的杰出创业团队。在创业团队中，成员知识结构的合理性直接关系到创业成功的可能性。单纯由技术人员组成的团队可能过于注重技术而忽视市场，导致产品研发与市场需求脱节；而完全由市场销售人员构成的团队则可能缺乏对技术的深入理解，从而迷失方向。在组建创业团队时，首要考虑的是成员之间在能力或技术上的互补性，以实现人力资源的均衡配置。

一个企业的健康运营是建立在创业团队的健康发展基础之上的。创业团队需要建立责、权、利统一的管理机制。要建立这一机制，首先，要处理好创业团队内部的权力关系。在创业团队运行过程中，团队要确定谁适合于从事何种关键任务，谁对关键任务承担什么责任。其次，要处理好创业团队内部的利益关系。好的创业团队需要有一套公平弹性的利益分配机制。团队成员的股权分配不一定要均等，但需要合理、透明与公平，要与他们所创造的价值、贡献匹配。此外，创业团队还必须制定相关的管理制度，不管对谁，都按管理制度的标准进行执行，明确责、权、利。如果做到了这些，企业就会健康成长。

每一个创业团队的成员都会具有多样性，这种多样性给创业团队带来多样性的经验和技能，也带来不同的思维方式及不同视角的不同见解，但这种多样性也必然导致冲突的产生。良性的冲突会让大家进一步互相了解，互相反思；恶性的冲突会对团队完成工作的能力产生威胁，甚至导致争执和交流障碍。发生冲突的时候，管理者一定不能意气用事，要以"致力于一个共同目标"为目的，及时有效地沟通，使大家相互理解，产生共识，形成合力。避免偏听偏信，增大团队之间的误会。

（四）筹措资金

创业必须有一定的创业启动资金。资金是创业的物质基础，是创业成功的必要保证，也是决定创业规模的重要因素。

准备自主创业的人，应事先进行一个创业预算，根据需要筹集资金。筹集资金的途径有三种：一是自筹资金，主要是拿出自己的储蓄；二是向别人暂借，包括向亲戚、朋友同乡、战友等借助；三是向银行贷款。在创业的起步阶段，最好的方法是利用自己或家庭的储蓄作为创业的原始资本。

一般来说，个体、家庭经济资金的筹集比较简单，主要是自筹。如果采用合伙的创业模式，则合伙人应共同出资筹办，要明确彼此的权利和义务，明确合作者的出资额、出资方式以及各自承担的责任，共同经营，共担风险，共享盈利。如果需要向亲友或银行借贷资金，借贷数额一般不要超过总投资额的50%，以减少风险。

（五）选择创业地址

在确定创业目标、拟订创业计划、筹集创业资金的同时，必须考虑创业的厂（店）址问题。

无论从事个体经营还是创办一家企业，起始阶段，选址定位对创业成功具有重要的作用。从事固定地点办厂、开店或设摊，需要一定的场地或店面，应根据生产和经营的具体要求和规模准备好生产场地或营业用房。

例如，开办工厂，要考虑生产必需的供水、供电、供气、通信及道路交通等问题。开办第三产业，要考虑方便顾客，着重考察客流量、进出口、供送货路径、停车场等情况。

企业的地理位置对于其运营有着不可忽视的影响，特别是在零售和服务业中，店址的选择往往成为决定企业成功与否的重要因素。选址的正确性，可以说在很大程度上已经为企业的成功奠定了坚实的基础。创业者需要具备一种勇于探索的精神，像"第一个敢吃螃蟹的人"那样，敢于在别人尚未察觉的地方发现商机。那些被社会普遍视角所忽视的领域，往往蕴藏着巨大的利润空间，等待着有远见的创业者去发掘和把握。

（六）注册、开业

根据我国相关法律规定，新办企业必须经工商行政管理部门批准登记发给营业执照，并获得有关部门颁发的经营许可证，如卫生许可证，环保许可证、特种行业许可证等。企业只有领取了营业执照，才算有了合法身份，才可以开展各项法定的经营业务。

1. 领取营业执照

企业只有注册登记，领取了营业执照才是合法的企业，才能取得法人资格，得到国家法律法规的保护，享受国家有关的优惠政策。

企业申请登记的事项是指企业在申请登记时应填报的项目，其主要事项为：企业名称、住所、法定代表人、注册资金、经营范围、所有制形式、经营形式、从业人数、经营期限等。

工商行政管理部门对企业法人申请登记注册事项的核定是企业法人登记注册程序中最重要的一个环节，其意义是：企业法人登记注册一经核定，企业即具备法人资格，其权利能力和行为能力随之产生。

如果应届毕业生在自主创业中担任企业法人代表，则需要出具的证明包括：学校就业办公室出具的应届毕业生证明；公安处户政科出具的集体户口证明；公安处治安科出具的无刑事犯罪记录证明。

2. 办理银行账户和税务登记等法定手续

在领取营业执照后，还要办理银行账户和税务登记等法定手续，承担国家法律规定的权利和义务。

税务登记是税务机关根据税法规定对纳税人的生产经营活动进行登记管理的一项基本制度，是纳税人纳入税务机关的监督管理，依法具有纳税义务的一项证明。

纳税人在申请办理减税、免税、退税、领购发票，办理外出经营活动税收管理证明以及其他有关税务事项时，必须持有税务登记证件。税务机关对税务登记证件实行定期验证和换证制度。

3. 择日开业

在所有的前置手续办完后，创业者就可以择日开业了。在这里需要考虑的是开业时间的选择，一般要考虑有关部门人员是否有时间参加、天气是否晴好、是否在节假日等因素。

以上就是自主创业运作的基本程序，希望能够为有志于自主创业的毕业生们提供帮助，但是这些还仅仅是创业的前置程序。

在顺利开业以后，创业者还面临着维持企业的日常活动以及积累资金、发展企业等重要任务，这些都更需要创业者具备相关的经验及胆识。

（七）依法纳税

税收是国家财政的主要来源，它是指政府凭借政治权力，从社会经济活动中无偿地征收财富，取得财政收入的一种方式。税务登记是纳税人为履行纳税义务而向税务机关办理的必要的法律手续，是纳税人的一项基本法定义务，是税务机关依据税法的有关规定对纳税单位和个人的生产经营活动进行登记管理的一项基本制度。

税收是国家经济调控的重要工具，也是企业合法经营的必要条件。企业一旦开始运营，即在领取营业执照并启动生产经营活动后，必须在规定期限内填写"税务登记表"并向税务机关进行申报。税务机关将对提交的登记表进行审核，并发放税务登记证，企业持有此证方可办理各类税务事宜。这些税务事宜包括但不限于：申请减税、免税或退税的优惠政策；办理外出经营税收管理证明；领购发票以用于合法交易；以及办理税务机关所规定的其他相关税务手续。若企业的税务登记内容发生变动，还须及时向税务机关提交变更登记申请，以确保税务信息的准确性。在我国，对于创业企业而言，两大基本税种是流转税（主要包括增值税和营业税）和所得税（包括个人所得税和企业所得税）。流转税主要针对生产和流通环节进行征收，而所得税则针对分配环节进行征收。由于不同地区的工商和税收政策可能存在差异，建议创业者在创业初期主动向当地的工商和税务部门进行咨询，以确保企业合规经营并享受应有的政策优惠。

●●●● 第四节　创业风险的识别及规避

一、创业风险的含义及特征

（一）创业风险的含义

创业风险是指由于创业环境的不确定性，创业机会与新企业的复杂性，创业者、创业团队与创业投资者的能力与实力的有限性，而导致创业活动偏离预期目标的可能性及其后果。

（二）创业风险的特征

创业风险主要具有以下三个特征。

1. 客观存在性

创业风险是客观存在的，不以人的意志为转移。无论创业者是谁，创业风险都客观存在于市场环境中，都需要创业者去面对。这就要求创业者要充分认识到创业风险的严重性，想方设法规避。

2. 不确定性

影响创业的因素有很多，包括主客观因素，主客观因素的不确定性，导致创业活动的不确定性。比如，在创业过程中，创业者面临各种各样的不确定因素，如可能遭受已有市场竞争对手的排斥、进入新市场面临着需求的不确定、新技术难以转化为生产力等。此外，在创业阶段投入较大，而且往往只有投入没有产出，因而可能面临资金不足的困境，从而导致创业的失败。也就是说，影响创业的各种因素也是因不断变化而难以预知的，这就造成了创业风险的不确定性。

3. 相关性

在创业过程中，风险是不可避免的一部分。这些风险与个人的创业行为和决策紧密相关。相同的风险事件可能对不同的创业者产生不同的影响，而同一个创业者在不同决策或策略下，也可能面临不同的风险结果。这凸显了每位创业者在面对风险时都需要根据自身的经验和判断力进行个性化的决策。

二、风险的识别及规避

创业风险可分为两类，即系统风险与非系统风险。"系统风险是指创业环境的不确定性带来的风险，诸如商品市场需求及竞争的不确定性，生产要素市场供给的不确定性、国家法律及政府政策制定的不确定性等带来的风险；非系统风险是指创业者自身行为的不确定性带来的风险，诸如创业可实施性的不确定性、创业团队能力的不确定性等带来的风险。"①

（一）系统风险的识别及规避

1. 政策风险的识别及其规避

（1）政策风险的识别。创业机会可能因为国家和地方政府政策而对其创业的风险度有一定的影响。在市场经济条件下，受价值规律和竞争机制的影响，各企业争夺市场资源、获取更大利益都希望获得更大的活动自由，因而可能会触犯国家的有关政策，而国家政策又对企业的行为具有强制约束力。另外，国家在不同时期可以根据宏观环境的变化而改变政策，这必然会影响到企业的经济利益。因此，国家与企业之间由于政策的存在和调整，在经济利益上会产生矛盾，从而产

---

① 王春燕，华霞. 就业与创业指导 [M]. 南京：江苏凤凰科学技术出版社，2018：83.

生政策风险。

（2）政策风险的规避。对于政策风险，创业者无法改变，但可以在创业过程中积极关注国家政策方针的走向，如果自己的创业计划与政策相违背，且短时间不会改变此种现状，或者新出台的政策限制了自己业已进行的创业活动的实施，就要早做准备，想方设法改变企业的经营方向、生产方式等，以适应政策的变化。

2. 法律风险的识别及其规避

（1）法律风险的识别。法律与法规的制定与修订是塑造创业环境的重要因素，它们的变化会直接影响创业活动的方向和策略。法律风险特指在法律的执行过程中，由于外部法律环境的变动，或者企业自身以及相关主体未能依照法律条款或合同协议行使权利、履行义务，从而可能给企业带来的不利法律后果。当前，我国针对新兴企业，尤其是高新技术企业的法律体系尚存在诸多待完善的空白区域，这些空白点无疑增加了创业过程中遭遇法律风险的可能性。

（2）法律风险的规避。随着我国市场经济法制体系建设的不断完善，立法机关将会不断弥补目前存在的法律法规的空白，执法机关也会严格公正执法，做到有法必依、执法必严，一个公正透明规范的法律环境正在形成。对于创业者来说，规避法律风险的最好方法就是知法懂法守法，自觉遵守相关法律法规，用法律法规规范自己创业过程中的任何经营行为，并自觉接受执法部门的管理与监督，同时还应善于运用法律武器来维护自己的合法权益。

3. 市场风险的识别及其规避

（1）市场风险的识别。市场风险是指未来市场价格（利率、汇率、股票价格和商品价格）的不确定性对企业实现其既定目标的不利影响。市场风险可分为利率风险、汇率风险、股票价格风险和商品价格风险，这些市场因素可能直接对企业产生影响，也可能是通过对其竞争者、供应商或者消费者间接对企业产生影响。

（2）市场风险的规避。市场进入风险的规避：市场进入是一项充满挑战性和风险的经济活动，受到各种因素的影响。新企业进入市场的实际后果与事先预期发生背离，由此导致利益损失的可能性就是市场进入风险。可从以下两方面规避：①市场进入成本。进入成本主要是新企业退出时无法收回的费用，一般称为沉没成本，包括处置专用性资产、设备所造成的损失、无形资产的损失以及取得政府许可的费用。这些在新企业退出市场以前是无法预期和弥补的，也是企业在整个生命周期内所无法收回的。②市场进入的定位。市场是一个大系统，它是由许多行业的子系统或区域市场系统构成的。作为新企业，无法进入所有的市场，满足所有客户的需求，所以新企业要根据自身的特点和优势，瞄准某一细分市场，在目标市场确定自己的竞争优势。

市场营销风险的规避：市场营销风险产生的原因主要有新企业的营销实力不足、进入市场的时机选择不当，过分依赖价格策略以及市场体系的不完善。市场营销风险规避策略主要有：①树立以市场为导向的营销理念，在产品规划、价格制定、销售渠道选择上以客户需求为出发点；②制定合理的价格策略，在确定价格时，低价不是向顾客表明优质产品的最好方式，尤其对于技术含量比较高的产品。顾客对于产品质量的需求使得新企业不可能采用牺牲品质的低价策略，新企业应该主动控制价格，寻找产品的不可替代性。

（二）非系统风险的识别及规避

1. 生产风险的识别及其规避

（1）生产风险的识别。生产风险是指新企业在创建过程中，由于生产环节的有关因素及其变化的不确定性而导致创业失败或利益受损的可能性。由于新企业刚刚起步，生产人员的配备、生产要素的供给、各类资源的配置等容易出现问题。这在创业阶段都需要尝试和摸索，故存在着较大的风险。生产风险的识别应从生产技术人员构成、生产设备与工艺水平、生产资源配置状况及原材料供应状况四个方面加以识别。

（2）生产风险的规避。为确保新企业技术研发的竞争力与可持续性，避免被替代技术超越，同时确保生产流程的高效与顺畅，新企业在技术研发阶段应密切关注替代技术的最新动态，评估当前技术被替代的风险，并据此制定风险防控或自主承担策略。此外，研发过程中还须深入评估现有生产设备与工艺的水平，并考量企业自主研发或改进相关设备工艺的能力。在创业规划时，原材料及能源供应的稳定性至关重要。新企业在选址时应优先考虑靠近原材料产地的地区，并确保能源供应充足，以确保生产活动的连续性和成本效益。

2. 技术风险的识别及其规避

（1）技术风险的识别。通常从以下四个方面进行：①技术成熟度。新颖、独创、先进的技术可以给新企业带来独特的优势，技术成熟度的判断标准一般根据国内外同类技术达到的水平参数指标来确定。②技术适用性。技术适用性描述了技术适用范围，推广和实施的难易程度。技术的适用性是与市场的大小有密切关系的，一项技术所面对的市场越大，那么这项技术的适用性就越强，反之则越弱。③技术配套性。在新企业创业初期必须确认与该技术配套的工程技术和产品生产技术是否已经完善，达到标准。④技术生命周期。高技术产品往往生命周期较短，不但自身更新速度快，而且还有被其他类似技术替代的可能，如果不能有效提高技术的更新速度并维持更新成本或防止技术老化的能力，并在技术生命周期内迅速实现产业化，收回初始投资并取得利润，新企业就将蒙受损失。

（2）技术风险的规避。①采取多元化技术开发战略：一次技术研发的失败可以用另一次技术研发的成功来弥补，新企业总体技术风险就分散到了各个具体的技术创新项目上，对于单独一次技术风险，其风险就大大降低了。②组建战略联盟：新企业可以联合其他企业共同参与到技术创新的活动中来，在利益共享的前提下实现资源的优势互补和风险共担，达到防范技术风险的目的。③转移技术风险：新企业对技术创新人员采取有效的激励和约束手段，可以防范由于技术人员因素而给新企业可能带来的技术风险。

3. 财务风险的识别及其规避

（1）财务风险的识别。主要从资产负债表状况和企业收益状况两个方面进行：

资产负债表状况：从资产负债分析，主要分为三种类型。①流动资产的购置大部分由流动负债筹集，固定资产由长期自有资金和大部分长期负债筹集，自有资本全部用来筹措固定资产，这是正常的资本机构，财务风险小。②资产负债表中累计结余是红字，表明有一部分自有资本被亏损侵蚀，说明出现了财务危机。③亏损侵蚀了全部自有资本，而且还占据了一部分负债，这种情况属于高度风险，企业必须采取强制措施来缓解这种状况。

企业收益状况：从资产负债收益分析，分为三个层次。①经营收入扣除经营成本、经营费用后的经营收益；②在第一层次上扣除财务费用后为经常收益；③在经常收益基础上与营业收支净额的合计，也就是期间收益。对这三个层次的收益进行分析可以分成三种情况：①如果经营收益为赢利而经常收益为亏损，说明新企业的资本结构不合理、规模大，存在一定风险。②如果经营收益、经常收益均为赢利，而期间收益为亏损，这种情况如果严重可能引发财务危机，必须加强监控。③如果从经营收益开始就已经亏损，说明企业财务危机已经呈现；反之，如果三个层次收益均为盈利，则是正常经营状况，财务风险不存在或很小。

（2）财务风险的规避。①增强创业者的防范意识。创业投资本质上是一项高风险的投资活动，因此，创业者必须显著提升风险意识，培养坚定的风险观念。这样，在创业的道路上，他们就能有意识地预防各种风险，特别是财务风险。市场风险和经营风险虽然在新企业运营过程中可能会以各种形式显现，但财务风险往往是最直接、最致命的风险，它可能直接决定企业的生死存亡。②保持资产流动性。企业资金流转总是周而复始地进行的，因此流动性是新企业的生命，应缩短应收账款周转期以保持良好的资金流动性。新企业应降低整体资产中固定资产的比重，这样就可以防范企业的经营风险和财务风险。③加强财务会计制度的建设。新企业要按照科学制度、职责分明、监督制约、财务核对、安全谨慎和经济有序的原则建立严密的财务会计制度。

4. 管理风险的识别及其防范途径

（1）管理风险的识别。管理风险主要体现在经营决策、战略规划、营销组合不合理以及组织制度的不科学，创业者的综合素质较低，以及对生产运作、内部沟通、激励等问题管理不力等方面。管理风险的识别主要从两个方面进行：①创业者综合素质和经验。创业者综合素质和经验可以从创业者的技术能力、管理能力和经验、企业家精神和创业者的身心素质等方面来考察。②管理机制的成熟度。新企业的管理制度方面往往不够成熟，应通过调查产业内相似企业的管理制度，将本企业与之对比，区别出哪些管理制度方面还不够完善。

（2）管理风险的规避。①建立、健全现代企业制度：建立科学的决策和监督机制是新企业防范管理风险的前提，而这些又离不开合理的产权制度与健全的内部治理结构。所以，为防范管理风险，新企业必须按照现代企业制度的要求，建立起真正完善的法人治理结构。②提高员工自身素质：对新企业中高层管理人员的使用必须坚持德才兼备的用人标准，在人员甄别过程中两方面的素质都应该列入考核内容，同时还应加强员工的职业道德教育、业务培训工作。

第六章 现代经济发展新业态与就业创业变革

第一节 知识经济与就业方式多元化

一、知识经济与就业方式的关系

随着知识经济的快速发展，对劳动者的就业影响会越来越明显。一方面，知识与科技的创新和进步会使许多传统的技术因落后而被取代。因此从就业角度来看，知识经济与科技的发展必然会造成劳动力需求下降从而导致就业人员失业。另一方面，新技术、新工艺的出现对企业的壮大发展又是一个新的机遇，同时又能够为劳动者提供更多的就业机会。可见知识、科技对劳动者就业既有消极的影响，又有积极的作用。

（一）知识经济对就业方式的消极影响

随着知识经济的迅猛发展，各行各业正经历着前所未有的变革。传统的生产方式正逐步被先进的生产方式所取代，人工制造正逐渐让位于智能制造。第四次工业革命的到来，以智能制造为核心，引领着"智能工厂""智能生产""智能物流"等全方位智能化的产业发展趋势。在这一变革中，工厂通过运用各种现代化技术，实现了生产、办公和管理的全面自动化。"智能化"的崛起，预示着技术落后和依赖大量劳动力的时代即将过去。即使劳动者拥有较高的技术和综合素质，也有可能因技术变革而面临被淘汰的风险。在知识经济的大背景下，现代企业的管理与科学技术之间的联系越发紧密，企业管理方式不断改革与创新，以更有效地调动生产力，实现生产和管理模式的优化配置。然而，这种变革也带来了一个显著的影响：对劳动力的需求减少，同时对劳动者的技能、技术和综合素质要求却日益提高。

（二）知识经济对就业方式产生的积极作用

知识经济的发展可以说是日新月异，企业必须与时俱进、不断创新，才能跟上不断发展的社会脚步，才能在竞争激烈的经济社会中立于不败之地，与之相应下，对就业方式而言，会出现新的变化。

第一，劳动力的知识结构和技术水平会发生变化。计算机网络技术与通信技术对知识经济的快速发展起到了极大的促进作用，此技术的创新与发展给就业方式带来了新的变化，给传统的就业形势带来了新的挑战。这就要求劳动者必须努力学习，不断进取，牢固掌握相关知识与技能，才能与时俱进，才能在知识突飞猛进的今天不被快速淘汰。

第二，工作的时间、地点、空间会发生改变。传统的工厂，其劳动者必须到生产基地、工厂等生产一线上班，办公地点固化。随着科技的进步，人们可以利用科技的产物，可以不分时间、不分地点、随时随地进行办公，上班更智能化、远程化、人性化，不再受时间、地点、空间的约束。

第三，知识经济的大发展，使产业结构、就业结构发生了改变。随着科学技术水平的不断提高，技术含量越高的行业，如信息技术、生物工程技术等领域，需要的体力劳动者会减少；生产技术的智能化会导致第一、第二产业对劳动力的需求下降，较多的劳动力面临失业，第三产业服务业需要的劳动力高于第一、第二生产企业的就业人数。不管是哪一领域都需要人们不断进行知识系统的更新，技能上的全面升级。因此在知识经济快速发展的背景下，科学技术越来越发达。21世纪将是信息革命的世纪，也是生命科学技术的世纪，是新材料、先进制造技术迅速发展和广泛应用的世纪，是人工智能的世纪，所以，21世纪是知识经济飞速发展的世纪，对较低技术的劳动力需求会越来越少，并在各个领域都需要综合应用型人才，除满足于专业知识、专业技能外，对这类人才的职业道德、思想品德等综合素质的要求也会越来越严格。

二、在知识经济发展下，如何实现就业方式的多元化

科学技术的进步、知识经济的发展，对就业产生了巨大的影响。社会经济的

发展离不开科学技术的进步，同时也离不开劳动者的勤奋努力。知识经济的发展，导致了就业方式的改变，原有的知识结构与技能技巧已经不再适应新经济的需要，知识经济的兴起将会引起世界经济格局的重大调整，引起人类社会生产方式和生产关系的重大变革，并由此引发人们就业方式与就业结构的改变。

（一）加强学习，提高综合素质

随着现代社会科技的日新月异，企业员工为保持竞争力，不被时代浪潮所淘汰，必须保持与时俱进的态度，并培养强烈的紧迫感与创新精神。他们必须持续学习，进行知识的累积，秉持"活到老，学到老"的终身学习态度。知识储备的丰富程度直接决定了他们适应时代发展的能力。在熟练掌握现有技术的同时，员工还需勇于创新，不断挑战自我。在知识经济时代，传统的思维模式正在受到挑战，因此，员工需要转变思想观念，树立资源共享、合作共赢、质量至上、注重效率、爱岗敬业等现代价值观。为了促进员工的成长与发展，企业应加大投入，定期为员工提供新知识新技术的培训，帮助员工不断提升知识水平和技能，增强适应能力。这样的培训不仅有助于员工个人成长，更能为企业的创新发展积累更多的竞争优势，激发员工的发散思维，为企业的长期发展储备强大的动力。

（二）党和国家高度重视，就业渠道更加多元化

在知识经济大发展的时代，缓解就业压力，拓宽就业渠道，离不开党和国家的支持与重视。要坚持就业优先战略和积极就业政策，实现更高质量和更充分就业。大规模开展职业技能培训，注重解决结构性就业矛盾，鼓励创业带动就业。实际工作中，可重点扶持和培育新兴产业、现代服务业、现代信息技术产业等，努力创造更多的就业岗位，劳动者可以灵活多样地选择部门和岗位就业，如公有制部门、私营企业、全日制工作岗位、部分工作时间的岗位、在家远程工作或者兼职工作、种植业，养殖业、旅游业、自主经营、自主创业、从事生产性工作、从事社区乃至家庭的服务工作等，选择各种正式和非正式的就业形式，一改过去就业渠道过于单一的常态，使就业方式变得多样化。另外，大力培育和支持中小企业的发展，鼓励人们自主创业，或者发展自由职业，为劳动者提供更多的就业

岗位，也是解决就业问题的有效途径。

（三）经济发展、就业渠道多元化可促进社会的和谐发展

就业问题不仅牵动着千万家庭的福祉，更是社会和谐稳定与持续发展的基石。鉴于中国人口众多、经济基础相对薄弱、人均收入有待提高以及生产力发展不均衡的现状，我们必须将"科学技术"作为推动国家发展的首要动力，以实现科技兴国、科技强国的目标。在高科技产业蓬勃发展的今天，计算机通信、生物工程技术、新材料、人工智能等领域日新月异，这些产业对体力劳动者的需求逐渐减少，而对具备高水平技术能力的专业人才需求则日益增长。因此，我们必须坚定不移地实施科教兴国、人才强国的战略方针，鼓励劳动者不断学习和积累知识，提升技术水平，培养创新精神，提高综合素质。劳动者应当注重知识的学习与储备，技术的熟练与创新，以适应就业市场的变化。通过不断积累新知识、新技术，劳动者将能够更好地满足就业需求，实现个人价值。只有当人们能够胜任工作、有事可做、做好工作、安居乐业并享有稳定收入时，国家才能安定繁荣，社会才能和谐稳定，民族才能兴旺发达。

●●●● 第二节　网络经济发展与就业变迁

一、网络经济在中国发展的现状

（一）互联网成为推动中国经济发展的重要引擎

网络经济的蓬勃发展，是与1993年以来国际互联网商务性应用的急剧高涨分不开的。从1993年开始，在全球范围内掀起了建设信息高速公路的热潮，国际互联网和信息高速公路的高速发展，为网络经济创造了载体。与此同时，国际互联网的用户覆盖面和影响范围高速增长，快速增长的用户群，使互联网成为商机无限、前景广阔的网上市场，吸引各国企业竞相上网，企业上网为网络经济发

展奠定了基础。同时近年来，一些有实力的大企业都在开发内部网络系统，企业内部网络对研究开发、产品设计、工艺流程、管理方式、市场营销、售后服务、信息收集与反馈等都将产生不可估量的影响。

以互联网为主体的信息技术与产业对中国经济高速增长做出了重要贡献。中国的工业设计研发信息化、生产装备数字化、生产过程智能化和经营管理网络化水平迅速提高。互联网发展与运用还催生了一批新兴产业，如工业咨询、软件服务、外包服务等工业服务业蓬勃兴起。信息技术在加快自主创新和节能降耗，推动减排治污等方面的作用日益凸显，互联网已经成为中国发展低碳经济的新型战略性产业。与此同时，中国电子商务快速发展，大型企业电子商务正在从网上信息发布、采购、销售等基础性应用向上下游企业间网上设计、制造、计划管理等全方位协同方向发展。中小企业电子商务应用意识普遍提高，应用电子商务的中小企业数量保持较高的增长速度。

（二）网络经济发展对我国就业的影响

随着网络经济的蓬勃发展，全新的产业和行业不断涌现，为劳动者提供了更广阔的就业空间和多样化的就业选择。网络经济是信息经济与服务经济的融合，也是个性化生产与经济一体化的统一。这种特点使网络经济领域内的工作内容变得丰富多彩，就业选择也日趋广泛。在网络经济中，劳动者涵盖了生产、实现过程中的决策者、工人和服务人员，以及参与网上交换过程及后续服务的各类人员。还有致力网络社会文化创造、知识传播、技术开发和管理的人员，如网站管理人员、软件编写人员等。

在网络经济的形成和发展过程中，信息产业逐步成为经济发展的主导产业。整个经济的运行与发展已经离不开信息以及传递与处理信息的通信技术网络，由此导致了对编程人员、数据符号分析人员、电脑科学家与工程师的大量需求。可见，网络技术拓展的就业空间，绝不是原有就业职位的简单复制，其工作职位必须符合一定的技术要求，以保证网络经济相应部门的顺利运行。所以，随着网络技术对经济运行方式的改变以及经济发展中知识与信息含量的增大，对劳动者提出了较高的知识与技能要求，从而导致了就业人数的增加和就业职位的技术化变迁。

二、网络经济所带来的机遇与挑战

（一）网络经济转变传统经济结构

网络经济的快速发展摆脱了传统经济形式上的束缚，网络经济的发展打破了传统思想对人们的禁锢，而"网络经济的发展已经逐渐在改变我国市场经济的组成形式，使得市场经济的结构不断向着电子化信息化进行调整与发展"，① 根据网络经济自身的特点，网络经济可以快速地与其他行业经济的发展相结合，在其他行业的发展中可以不断地应用融合网络经济，从而改变了其他行业传统意义上的生产组织形式，提高了企业的生产效率，与此同时，网络经济的发展也可以提升计算机现代化技术的发展速度，从而进一步加快网络经济的快速发展。

（二）网络经济促进全球性贸易发展

网络经济的迅猛发展极大地推动了经济全球化的进程，使国际的金融贸易变得更为简单、快捷和便利，有效缩短了国与国之间的贸易距离。随着网络经济的持续进步，全球国际性信息经济逐渐实现公开化和透明化，如全球股票投资，人们现在可以在家中轻松进行股票交易，极大地弥补了偏远地区在传统经济上的不足。网上银行、电子支付等新兴形式的发展，也加速了传统金融交易方式的变革。如今，人们甚至可以在家中开设网店，进行经营活动。这种新兴的网络经济形式——网店，因其便捷性和灵活性，深受广大青少年创业者的喜爱。

（三）网络经济扩大就业方式

就目前全国的经济形势而言，我国的就业形势依旧比较严峻，我国高校毕业生的就业率仍然不高，大量的高校毕业生仍然处于待业状态，而偏远地区的高校较少，各种高素质人才比较匮乏，有关专家学者认为，网络经济的发展，减少了许多就业型岗位，将原本由员工进行的人工生产转变为了由计算机网络控制的机

---

① 刘红荣. 网络经济带来的机遇与挑战 [J]. 现代营销，2016（1）：9.

械化生产。不过网络经济的发展实际上也扩宽了许多就业渠道，在许多新兴的行业当中，为大学毕业生提供了更多的就业机会，如微商、淘宝网店等行业的时兴，扩宽了大学生的就业渠道，从另一个角度上来说，网络经济的发展需要广大的有识之士不断地进行学习和创新，从而也扩大了自主就业群体。

（四）网络经济加快计算机网络发展

传统意义上的经济管理模式，已经不能够适应网络经济的发展需求，因此，现代化的电子商务、电子银行以及电子支付软件应运而生，网络经济已经融入人们的日常生活当中，不过在人们应用网络经济当中，也遇到了许多由于网络经济的发展所带来的诸多问题，比如，网络信息中个人身份账号安全的问题，人们常常遇到电子账号被盗、资金缺乏安全性等问题，网络经济在飞速发展的同时，也带来了相应的新的问题，因此，完善网络经济中客户信息的安全问题，不断完善相应的计算机网络体系，对于提高计算机网络的发展至关重要。

（五）完善企业网络系统

随着网络经济的持续繁荣，偏远地区的企业单位迎来前所未有的发展机遇和广阔空间的同时也伴随着巨大的挑战。为了抓住这些机遇并应对挑战，各企业需积极构建和完善自身的网络系统，强化与互联网的经济联系，深化内部管理中的网络经济建设。企业应积极招聘具备专业知识和技能的技术型人才，以不断提高企业网络系统的管理水平。通过整合网络经济与企业发展的优势，企业可以实现经济发展与网上银行系统的有效融合，例如，利用网上银行系统发放员工工资，从而提高薪酬管理的效率和准确性。企业还应完善自身的物流管理系统，确保销售系统与信息服务管理系统形成紧密的整体。

（六）健全并完善与网络经济有关的法律体系

目前，网络经济的发展已经造成了社会经济背景环境的改变，因此一些高科技的犯罪手段也在不断地侵蚀并阻碍着网络经济的发展进程，越来越多的网络巨大金额的诈骗现象使得网络犯罪问题不断地出现在人们的视野当中，而我国现有的法律体系和法律制度并不适合解决这些网络经济案件，也没有相应的法律规定，然而国家法律的重要作用是要保护经济活动的顺利进行，这就决定了国家必须加强和不断改进与网络经济相关的法律法规，完善相应的经济法律体系，减少并避免网络经济诈骗案件的继续发生。

（七）加强对人才的培养

网络经济是一种新型的经济组织形式，网络经济的发展是与计算机乃至互联网络的发展密切相关的，因此，网络经济的发展需要各方面多样性的人才，尤其是对于计算机设备的有关应用方面、对于网络经济软件的开发方面，还有一些对于网络经济建设方面相关的建设性人才，网络经济中的信息处理和相关信息的收集工作，都需要大量的优秀型人才，在网络经济时代，人才并不是单一的，人才要了解并学习各方面知识，在培养网络经济型人才的过程当中，对于人才的培养要与高校的培养模式相结合，加强用人企业同偏远地区内各高校之间的沟通联系，结合偏远地区用人单位的实际用工情况并且结合偏远地区具体的经济发展形势，科学培养网络经济复合型的人才，使得高校培养出来的人才，能够符合当代市场经济的发展需求，符合偏远地区用人企业自身的发展状态。

（八）发挥政府职能

网络经济的蓬勃发展离不开巨额的资金投入以及高端型、高科技、高素质人才的支撑。特别是在国家公共服务性产品领域，以网络经济为主体，对于最新型网络经济智能软件的开发与研究，更需要国家投入大量科研经费。因此，国家必须充分发挥其职能作用，在推进网络经济建设的同时，加强对网络经济的引导，确保其健康、有序、持续地发展。

三、网络经济发展带来的就业变迁

（一）网络生产力的产生

进入 20 世纪后，科学技术获得了前所未有的巨大发展，并呈现出日益综合化的趋势。科学技术的发展也为生产力的提升提供了基础条件。随着现代科技逐步融入人们的经济生活，在全球范围内又掀起了以高新技术产业的兴起及应用为特征的第三次产业革命。计算机和互联网作为第三次科技革命的重要成果，为网络生产力的产生奠定了坚实的物质基础。

网络生产力的产生也得益于世界经济一体化及竞争的日益加剧。工业经济时代世界经济就已经出现了一体化的趋势，不断加速的世界经济一体化从本质上要求必须有一种全新的整合生产力与之相适应，而网络经济环境下的生产力正是适应这种要求的新型生产力。同时，伴随着世界经济的一体化竞争日益具有了新的形式和内容。世界经济一体化使得资源可以在全球流动，面对日益加剧的竞争，客观上成为网络生产力产生的又一推动力。

正是在这样的背景下，社会生产力得到了提升。网络生产力顺应了人类变革大工业生产力的需要，适应了世界经济一体化的要求。网络生产力是相对于工业生产力（或机器生产力）而言的，它以计算机信息网络作为其物质技术基础和标志，标志着人类依靠信息网络征服和改造自然的实际程度和能力。网络生产力是一种全球运行的生产力。通过计算机信息网络，世界紧密联结在一起，跨国生产、国际贸易、国际合作、国际金融等实施的效率大为提高，世界真正结成了"地球村"。不仅如此，网络生产力还大大加快了各种新技术的传播和应用的速度，推动了全球的技术创新。借助计算机信息网络，新兴技术和创新可以跨越时空的阻隔迅速在全球范围得以传播和运用。因此，网络生产力已经突破了工业生产力的地域界限，成长为一种真正全球运行的生产力。

（二）网络经济发展对就业的促进作用

在网络经济的新纪元中，马克思所描述的"自动工厂"愿景已借助计算机和网络的广泛应用成为现实。现代机器体系，在计算机信息网络的精准指挥下，已广泛替代了体力工人，承担起繁重、复杂且精细的生产任务，展现出高度智能化和网络化的生产特点。与此同时，马克思关于"精神生产力"的预见也在网络经济时代得到了验证。在信息经济中，信息、知识和智力已经超越了传统工业生产中的土地、资本等物质要素，成为推动生产的主导力量。这些无形资产在网络产品的生产中发挥着决定性作用，而物质资源的重要性则相对减弱。面对这一变革，企业必须在人力资源、技术创新和引进等方面加大投入。网络产品的生产者必须是受过良好教育的"知识型劳动者"，他们不仅需要掌握基础的专业知识和技能，更需要在某些领域拥有独特的天赋和才华。以软件产品的研发为例，仅仅拥有编写技能已不足以应对挑战，具备持续创新的能力更为关键。创新的过程不但为经济增长注入了新的活力，而且还创造了大量的就业机会。

信息技术职业是指那些包括创造发明、操作控制及维修保养能促进电子商务和其他互联网或与网络活动有关的活动的职业。其中计算机科学家、计算机工程师、系统分析员和计算机编程人员等属于信息技术的"核心"职业。创新的扩散使具有信息技术特长的技术人员需求增加，另外，还带来了对于具有销售、市场及业务规划等方面知识的人员的需求的增加。随着更多的公司对外提供信息技术服务，对于项目经理和会谈判并能产生经营成果的人员的需求也在增加。随着网络经济的发展，技术创新的不断扩散，整个社会计算机化的不断深入和经济全球化进程的不断加快，对劳动力的需求更加倾向于高学历和一些专业技术型人才，而对于未受过高等教育和专业技术培训人员的需求将进一步下降并产生一种挤出效应，与之相对应的是，前者的薪金水平大大超过后者。产生这种现象的原因在于信息技术和互联网技术的革新是一场带有技术歧视性质的革新，与信息技术创新相似的是电气化的创新都很偏向对技术专业性劳动力的需求。

●●● 第三节　数字经济开拓就业创业新空间

一、数字经济对就业市场的影响

数字经济对就业岗位总量的影响或作用机理，从总体上来看，分为两大类影响效应：替代效应和抑制效应。对于替代效应而言，事实上，历次技术革命都会对就业产生替代效应导致部分就业岗位的直接消失。然而，从过去一个多世纪的就业总量来看，很多国家的就业总人数基本保持不断增长态势。这表明，不能一味悲观地预测技术变革给就业带来的负面影响，从历史经验来看，就业总量的中性判断一直存在。人类社会经历的每一次技术革命都推进了自动化发展的进程，虽然发生了机器替代人的现象，但是整体上表现出就业总量的再平衡，从宏观上最终显示就业总量的不断增长。

自动化在替代部分就业岗位的同时对新就业岗位的正向创造效应，称为抑制效应，这是产生就业岗位消失与就业人数增长并存现象的根本原因。当自动化进程发展到人工智能阶段，人工智能技术的推广应用在替代劳动的同时通过补偿效应或创造效应将带来各种新就业岗位，有效抑制替代效应的影响，最终达到总量上的平衡或不断增长，国外学者在这方面做了大量的实证研究。从未来长期发展来看，这种"抑制作用将不断发挥效用，替代效应和抑制效应将并存，因此在中长期内劳动就业总量整体上不会降低，只是会对就业结构产生较大影响"。①

技术进步与变革对就业的替代效应是有限的，这是抑制效应得以持续发挥作用的前提。同理，人工智能的替代效应也不应被绝对化，因为人工智能并非万能，无法全面替代人类的工作。创造性思维和情感沟通是人类与机器之间的主要区别。人工智能无法像人类一样进行深度思考，产生默会知识，也无法进行创新工作或替代需要人与人面对面沟通的工作岗位，如客户体验创造、团队协作等。因此，人工智能更多的是辅助人类完成部分工作，而非全面替代。这种辅助实际上为人类提供了更多机会去专注于处理更复杂、更具挑战性的任务。展望未来，人类与人工智能的协作将成为常态，人机协同将成为推动社会发展的重要趋势。

（一）数字经济对就业的替代效应

一方面，数字技术对劳动力具有直接的替代作用。自动化、人工智能等直接替代中低端技能劳动者的可能性很大，将直接导致失业人数的增加。当前从事常规工作的中技能白领将在技术进步影响下变得日益不重要，如数据录入操作员、会计人员、银行出纳员等。对于从事制造业的低技能劳动者来说，数字技术应用将使这些劳动者面临失业，有些岗位甚至会完全消失。同时，数字经济改变了商品流通流

---

① 蔡跃洲，陈楠. 新技术革命下人工智能与高质量增长、高质量就业 [J]. 数量经济技术经济研究，2019（5）：16.

程，使得信息传递和匹配更有效率，使许多传统以人力为主导的中介就业岗位如代理商、分销商等消失。这些工作将更容易受到新技术和技术进步的影响。

另一方面，数字技术对劳动力具有间接的挤出效应。自动化、人工智能的广泛应用将促进劳动生产率的提高，生产规模不变的情况下，要获得等量的产出所需的劳动力投入更少，间接使劳动力需求减少，使劳动者被挤出。数字技术催生的人工智能、工业机器人等应用目前对我国就业的直接替代效应尚不明显，但长时间内对就业的挤出效应不能忽视，尤其是伴随着新旧业态的不断更替而产生的结构性失业和摩擦性失业。如果劳动者整体受教育程度偏低，不能具备快速适应新岗位，人力资本不能有效匹配劳动力市场的需求，在中短期内就会造成较为严重的结构性失业。通常情况下，劳动者要适应新旧岗位的更替需要一定的转换时间，快速实现无缝对接的可能性不大，尤其是对于劳动力需求量较大的工作岗位，要实现人力资本重新配置，需要承担较大的社会成本，无摩擦匹配实现的难度较大。工人与工作相匹配的过程中所引起的这种失业即摩擦性失业。在劳动生产率提高、新业态替代旧业态过程中引起的一定数量的摩擦性失业不可避免。

除此以外，数字经济的替代效应在现实中往往只是针对某个职业中的特定任务或部分任务，而非整个职业。实际上，过去自动化对就业的影响主要是通过调整职业内部的任务结构，而非直接改变职业的就业份额。不能简单地将数字技术对职业的影响与完全替代人力导致的失业画等号。尽管人工智能在技术上有可能替代某些人力工作，但这并不意味着这些工作在实际操作中必然被替代。替换成本是一个重要的考虑因素。对于那些需要发挥劳动者主观能动性的工作，特别是需要面对面沟通的服务行业工作，由于它们的复杂性和人际互动性，自动化实现的难度较高。同时，由于这些工作通常薪资水平较低，自动化改造的成本效益可能并不理想。

（二）数字经济对就业的抑制效应

1. 数字经济对就业的补偿效应

数字经济对就业的补偿效应分为需求效应和收入效应，这两类效应主要是数字技术的应用带来的劳动生产率提高的结果。需求效应的产生是由于劳动生产率的提高，在同等时间或更短时间内商品的产出数量增加，间接降低了生产成本、提高了生产效益，当市场需求扩大时，企业将扩大生产规模，从而带来劳动力需求的增大，提供更多的就业岗位，因此也称为广化效应。需求效应发挥的前提条件取决于是否有更多的市场需求产生，取决于效率的提升能否有效地刺激产品需求。如果需求量不再增加或没有新的需求产生，企业不需要扩大生产规模，那么这种补偿效应就无法发挥作用，也就不能创造更多的就业岗位。收入效应指技术进步推动经济发展，间接增加居民的可支配收入，带动消费者对产品和服务的更多需求，推动企业扩大生产规模增加供给，从而创造更多的就业机会，本质上也是市场需求增长带来的就业增长。

2. 数字经济对就业的创造效应

数字经济的发展推动了新业态、新职业、新岗位的出现，创造了更多的就业机会和就业岗位。数字经济是一把"双刃剑"，对工作岗位形成替代冲击的同时会创造新的工作岗位，表现为"创造性破坏"效应。自动化及人工智能的应用产生了新的工作任务和新的工作角色，创造了新的劳动力需求。技术进步带来的新工作角色将逐渐增加，新兴产业工程技术人员和服务业人员如数据分析师、区块链应用操作员、全媒体运营师等，同时与新兴技术应用相关的各种专家角色需求将增加，如人工智能训练专家、区块链专家、大数据专家、虚拟现实应用设计师、数字化管理专家等。同时，平台经济、共享经济催生了新的企业组织方式——网络平台组织。互联网平台企业的规模可在一定程度上持续扩大，从而不断增加平台上的企业数量，如亚马逊、阿里巴巴等，这些平台型企业的规模是传统企业难以达到的，并且经营成本低、市场广阔，将创造大量的就业岗位，具有较强的就业吸纳效应。

3. 数字经济对就业的匹配效应

数字经济通过降低信息成本，显著提升了劳动力市场的匹配效率，从而有效减少了失业现象。具体来说，利用大数据技术和云平台，企业招聘信息与劳动者就业信息能够在平台上高效集成，使求职者更容易获取广泛的职位信息。这一转变大幅降低了信息搜寻、传递和交易成本，让劳动者能够以更低的成本快速定位到适合自己的就业机会。平台经济和共享经济的发展推动了技能型劳动者的独立化和自主化。劳动者们不再完全依赖于大型企业来获取客户资源，而是能够通过各类平台直接获得客源，实现自主就业。数字经济带来的这种雇佣模式和就业形式的灵活性，使远程在线办公和业务分散成为可能，劳动者不再受地域限制和信息不对称的束缚，就业选择范围得到了极大的拓展。这种新模式尤其适用于服务业，为技能型劳动者提供了独立经营的机会，带来了新的就业机遇。

4. 数字经济对就业的升级效应

"数字经济的发展对高技能人才的需求明显增加，将带来劳动力群体的就业结构升级，就业结构升级是高质量就业的重要体现。"[①] 伴随着智能技术应用带来的产业升级，对劳动者的技能和数字化素养有更高要求，越来越多的低技能或中技能人才需要通过参加培训、积极学习，向高技能就业岗位转移，带动就业结构优化升级。数字经济时代共享经济、数字支付、跨境电商等新兴业态的不断发展壮大，引领居民消费转型升级，间接影响就业结构升级。同时，数字经济对就业的升级效应在不同产业表现有差异，第三产业数字化提升的难度远小于第二产业，劳动者更易获得数字化带来的劳动效率提高。传统服务业如出租车司机转型成为网约车司机、传统的线下辅导转换为网上授课等，这些行业实现服务转型升级相对较为容易，但在制造业，工人实现技能升级则相对困难，技术工人要操作新的生产设备实现人机协同，转型为熟练掌握智能辅助决策技术的数字型技能人才的难度要大得多。此外，数字经济对就业的升级效应还表现在提高了创业带动就业的可能性。以移动互联网、云计算为代表的新基建，显著降低了创新创业的门槛，更多的劳动者可以借助互联网平台经济和共享经济实现创业。数字经济吸纳就业的能力显著增强，有利于防范结构性失业风险。

二、数字金融对创业高质量发展的重要意义

（一）数字金融能够为创业者提供充足的资金支持

充足的资金支持是创业成功的基石。随着近年来我国经济的高速增长，众多

---

① 王文. 数字经济时代下工业智能化促进了高质量就业吗 [J]. 经济学家，2020 (4)：95.

创业者迫切需要资金来启动和推动他们的创业项目。然而，启动资金的短缺成为许多创业者在创业初期面临的主要难题。对于小微企业创业者而言，有限的启动资金和融资困难更是他们前进道路上的主要阻碍。为了筹集资金，这些创业者往往不得不付出高昂的融资成本，从而分散了他们的精力，影响了创业项目的顺利进行。就当前我国的金融体系而言，尽管在不断发展，但仍然存在一些亟待完善的领域。创业者的融资渠道相对单一，而传统的融资模式如证券市场、私募基金和债券融资等，要么门槛较高，让许多创业者望而却步，要么风险较大，让创业者感到不安。此外，由于大部分创业者缺乏足够的可抵押物品，他们的融资成功率也受到了严重影响。相较之下，数字金融以其独特的优势，为创业者提供了更加便捷、高效、低风险的融资途径。数字金融能有效规避传统融资模式的弊端，降低融资成本，提高融资成功率，减少融资风险。所以数字金融对提升我国居民的创业有着极为重要的现实意义。

在传统的金融模式之下，许多金融机构都不愿意为偏远地区提供资金和金融服务。从金融机构的分布范围来看，许多偏远和贫困地区都缺乏金融服务机构，从而导致了这些地区的创业者无法获得创业的起步资金支持，并且他们的创业活动也无法获得相应的金融服务，导致创业者创业门槛过高、资金交易不便等问题的产生，阻碍了创业活动的顺利进行。而数字金融可以有效改变传统金融模式的局限性，偏远地区的创业者可以利用互联网等数字化平台完成资金交易往来与借贷服务等金融业务操作，这样可以有效提升金融交易的便捷性，从而提升偏远地区民众创业的积极性，为他们的创业提供更为充足的资金支持。科学技术可以推动数字金融的发展，在现阶段大数据技术快速发展的今天，金融机构可以对创业者的信用水平进行有效分析，节约信用调查的成本，突破传统的融资模式。近些年，电子支付方式的转变也极大地加快了电子商务的发展，便利了创业者的资金交易往来，突破了传统金融交易的空间局限。创业者也可以利用支付宝、微信等资金交易平台进行借贷业务，从而提升金融交易的便捷性与安全性。

（二）数字金融能够突破传统金融对于创业的限制

在传统的金融模式之下，由于空间上的限制，导致许多金融业务局限于实体性网点来提供业务支持，这也极大地阻碍了金融业务的开展。数字金融可以突破传统空间限制，有效提升我国金融业务的数量与质量，金融工作人员通过移动客户端就可以完成相关的金融业务，利用互联网的发展也提升了金融业务的灵活性与便捷性。在传统的金融模式之下，创业者一般都会通过银行或证券公司募集启动资金，但是许多创业者无法满足借贷门槛要求，高门槛也阻碍了创业者的积极性从而也影响到金融业务的开展。数字金融可以有效降低交易成本，提升创业者金融交易的成功率。数字金融也可以利用互联网与大数据等技术的发展，对于创业者的信用进行调查与分析，这样可以有效避免创业者借贷资金中的信用风险，也能够为各项金融业务的开展提供更为便利的技术支持。从而维护我国金融市场的稳定，主动规避金融市场风险，促进我国金融市场的健康稳定发展。

三、数字经济发展促进就业的对策和建议

在全球化的新阶段，研究数字经济对就业总量和就业结构的影响对于制定以促进就业为核心的政策和制度具有深远意义。随着数字技术变革的不断加速，其对各行业的影响日益显著。面对数字经济带来的"创造性破坏"，我们必须积极应对，以有效发挥数字经济的优势来促进就业，并减轻对就业结构的潜在冲击。为了充分发挥数字经济的积极作用并应对其带来的风险，我们需要在政策制度、教育培训和社会保障等多个领域出台相应的政策措施。首先，在政策制度方面，应关注数字经济对就业市场的新要求，制定适应数字经济发展的就业政策和法规，以促进劳动力的合理流动和优化配置。其次，在教育培训方面，应加强对劳动者的数字技能培训，提高其在数字经济时代的就业竞争力。通过实施针对性的教育和培训计划，帮助劳动者掌握数字技能，以应对数字经济给就业结构带来的变化。最后，社会保障体系也应适应数字经济的发展趋势，为劳动者提供更加全面和有效的保障。通过完善失业保险、养老保险等社会保障制度，减轻劳动者在数字经济时代的就业压力，提高其就业稳定性和安全感。

（一）数字经济促进就业重点在于加大人力资本投入

1. 加强和健全职业培训体系，提高劳动力市场供需匹配度

数字经济条件下，通过提高劳动者的技能水平，使人力资本与数字经济发展相适应至关重要。数字经济的快速发展必然要求劳动力市场的转型，提高劳动力市场的匹配性。劳动者的技能难以跟上技术变化的步伐是数字经济时代表现出来的突出问题，若二者难以匹配，会导致自然失业率趋于提高。技术进步影响下第三产业的劳动力需求增长较快，但同时也会产生新的矛盾，会出现劳动力的内卷化现象。在"创造性破坏"中，不能完全保证新创造的岗位的生产率和质量一定比之前破坏掉的岗位有很大程度的提高。要实现数字经济发展有效促进就业的目标，提高劳动者的技能是必然要求。

数字经济的发展要求提升人力资本，这对加强和健全职业培训体系提出了新需求。应以需求为导向开展职业培训，围绕行业企业需求及劳动者自身需求，通过适合的职业培训提升劳动者技能以更好地匹配职业岗位要求，尤其是数字经济催生的新业态、新模式对劳动者的数字技术应用技能提出了新要求。因此应切实加强职业培训，通过提高全行业就业人员的信息技术应用能力，提高劳动者适应新岗位、进行职业转换的能力。健全职业培训体系，并形成劳动者技能终身学习制度，旨在通过劳动力市场的供给侧结构性改革，不断提升就业人员适应产业升级和技术进步的能力和潜力。

2. 提升劳动者受教育水平，解决数字鸿沟和教育鸿沟问题

随着数字技术的广泛应用，就业规则正经历着前所未有的变革，新兴职业岗位对技能和知识的需求日益更新。为了消除数字鸿沟和教育鸿沟，我们不仅要重视职业培训，更要强化职业教育。职业培训与职业教育虽然相关，但两者并非等同。在积极为结构性失业群体提供再就业培训的同时，还应致力提升他们的受教育水平。为了增强人力资本，构建终身教育体系至关重要。这要求劳动者不断接受更高层次的教育，以更好地适应快速变化的就业市场，减少摩擦性失业，并有效预防永久性失业。在此过程中，确保劳动者的技能水平与市场需求相匹配尤为关键。职业教育应当紧密围绕数字经济发展的人才需求，培养具备终身学习能力

的复合型人才。这需要我们同时注重通识教育和专业教育，确保劳动者不仅掌握必要的通识知识和通用技能，还能具备知识和技能迁移能力，从而增强职业生涯发展的适应力。

高等教育应重视职业教育，深化职业教育改革，尤其是发展高等职业教育，培养具有数字技术应用能力的高素质技术技能人才，解决劳动力市场的人才缺口问题。一方面，应坚持职业教育的类型发展定位，不断扩大高等职业教育覆盖范围，为培养更多的技能型人才提供更高水平的教育；另一方面，要着手改革现有的教学理念及培养模式，培养从业者的创造力、创新素养，以实现高素质技术技能人才与人工智能协同工作。只有具备更高教育水平和更高技术技能的劳动者，才能有效避免职业转换过程中带来的摩擦性失业，并且能更快、更好地适应新的就业岗位，从而有效缓解结构性失业压力。同时，数字经济与教育具有双向循环影响作用，数字技术的发展提高了教育水平，教育水平的提高将大幅提升所培养人才的质量，能够有效地支持数字经济的快速发展、为智能社会发展赋能。

（二）提供良好的政策环境及治理体系支持

通过良好的政策体系支持，有效发挥数字经济就业新增长点的作用。要做到在政策体系和制度创新上适应新的技术革命。一是政府应加强制度建设，完善制度供给，创新数字经济治理理念，完善治理体系建设，使之与数字经济发展相适应，推动治理体系向更高水平发展，营造良好的数字经济营商环境和新型政商环境。二是适时调整行业监管规则，以利于数字技术的应用推广。数字经济发展催生的新业态、新技术及新发展模式，与现有的监管规则及模式存在冲突，各行业监管部门需要密切关注变化并适时调整，消除产业发展的制度约束。

（三）健全完善社会保障制度

随着数字经济的蓬勃发展，全新的就业形态不断涌现，带来了更加灵活多样的就业方式。为了适应这一变革，我们需要构建一种与时俱进的社会保障模式。互联网应用、平台经济和共享经济的兴起，让劳动者的就业形式变得更为自由灵活，如"外卖骑手"等新兴职业迅速崛起，自雇者群体逐渐壮大，他们成为劳动力市场的重要组成部分。自雇者的工作模式相较于传统就业形式更为灵活，但他们同样需要得到相应的社会福利和保障。因此，政府应当积极作为，不断完善社会保障制度，特别是针对各种新型就业形式的从业人员，建立起一套全面的社会保障制度体系。在构建这一体系时，政府应特别关注农民工等新型就业模式中的人群，确保他们能够在城市中获得相应的居民身份和社会保障。同时，政府部门还需要加大失业救济方面的社会保障力度，完善失业保险和家庭最低收入保障等制度，为那些在就业结构调整中受到较大冲击的群体提供必要的支持和保护。

（四）加快推进数字新基建，助力释放"数字红利"

数字基建是新基建的重要内容，加快推进数字基础设施建设对于推动数字经济发展促进就业有重要作用。数字经济的快速发展离不开政府对数字经济的大力支持，政府应重点完善数字基础设施建设，做好与之配套的运行安全监管体系，加速推进产业数字化，不断提升数字产业化水平，充分发挥二者对就业的积极创造效应，充分释放大规模"数字红利"。人工智能、区块链、5G等新一代数字技术的场景开放化应用和融合创新，需要完善数字基建的公共数据安全保障和相应的隐私保护法规，确保数字基建运行的安全可靠、系统可控。同时，劳动者通过新兴的平台经济、共享经济实现灵活自雇就业，同样需要数字设备和通信基础设施的支持。

要发挥数字经济对稳就业保就业的积极作用，释放更多的"数字红利"，加快推进数字新基建正当时。新基建为数字经济发展注入新动能，依托数字基础设施建设形成智慧医疗、智慧教育、智慧营销等智能服务体系，不断提升数字经济发展支撑下的智慧化服务水平可以同时为灵活就业、稳定就业提供更多的空间和机会，最终有利于不同的地区和劳动者共享"数字红利"。充分做好数字基建有利于培养数字经济新的增长点，进而为就业创造更多的"数字红利"。

四、数字金融在推进创业发展中的有效途径

数字金融产业的发展与创业发展之间有着重要的联系，二者相辅相成，如果能够很好地结合二者之间的关系，可以极大地推进我国经济的快速发展，数字金

融产业的发展对于创业者的创业活动也有正面的导向作用。但是数字金融如果与创业相结合不但取决于政府的相关政策推动，而且也受制于创业者的受教育程度等因素的影响。通过对现阶段我国创业发展现状与数字金融产业的发展现状进行分析，进一步推进数字金融与创业相结合。

（一）数字金融在大学生创业中的有效应用

大学生是现阶段我国创业者中的重要组成部分，许多大学生也希望能够在大学毕业之后利用大学所学专业知识与社会经验的积累，通过自身创业来提升自身收入水平，改善自身生活条件。但是由于大学生启动资金不足，极大地打击了他们想要创业的积极性，创业启动资金也成了大学生创业的最大门槛。数字金融可以为大学生创业解决资金困难，使大学生创业获得充分的资金支持，但是我国数字金融在鼓励大学生创业方面还有诸多方面需要完善。

首先，许多大学生不知道如何利用数字金融途径来筹措创业启动资金。数字金融在大学生群体中的普及至关重要，应提供针对性的金融信息教育，帮助大学生了解如何利用数字金融工具进行融资。数字金融机构应积极创新，构建易于操作的线上金融交易平台，使大学生能够便捷地通过互联网系统进行金融交易。为了切实保障大学生的合法权益，优化他们的创业环境，法律部门应当加快制定和完善与数字金融相关的法律法规。通过构建健全的数字金融服务体系，为大学生提供安全、可靠的数字金融环境，让他们能够放心地利用数字金融工具进行创业活动，从而激发大学生的创新精神和创业热情。

其次，金融机构应当拓宽融资渠道，保障数字金融种类的多样性。金融机构需要多种类地为大学生提供相应的数字金融服务，可以利用大学生创业贷款，帮助大学生进行创业活动。在创业贷款过程中，金融机构需要确保大学生的直系亲属为贷款担保人，并且一定要确定担保人具有一定的经济能力，这样才能降低贷款的风险。一些企业单位或者个人也可以开设相关的投资平台，大学生如果有比较好的项目，可以在平台上众筹资金，从而获得天使投资，平台也会对大学生创业进行充分的指导，这样也能够保障大学生创业的成功率，降低创业风险。如果大学生想要投资的项目对管理能力或者管理经验有更高的需求，还可以利用风险投资来保障大学生的创业，风险投资虽然具有较高的风险，但是这些投资项目往往都具有较高的市场竞争力，这样也可以为投资者提供相应的投资选择。

最后，数字金融管理机构应当提升整体团队的素质水平与服务能力。大学生创业者通常都年轻气盛，在面对资金缺乏问题时许多大学生都不愿意去求助于别人或者平台，而且大学生创业者在还款能力方面也具有一定的局限性，如果数字金融机构把自身位置放得过高，会让大学生创业者望而却步，数字金融管理人员需要与大学生创业者进行积极沟通，管理人员自身的素质也需要不断提升，这样才能够做到与大学生创业者无障碍沟通，同时也可以利用与大学生的沟通交流降低金融机构的投资风险，以防大学生利用数字金融平台进行违法犯罪活动。

（二）数字金融在普通居民创业中的有效应用

居民创业也是创业群体中的重要组成部分，为了推动普通居民创业，我国相关部门也应当为居民创业营造出良好的金融投资环境。

首先，数字金融机构应当制定符合居民投资要求的金融扶持政策，利用政府财政补贴、保险补贴、政府购买等方式对居民的投资活动提供支持。数字金融机构应当制定相应的资金扶持标准，居民创业如果符合相应的扶持标准和条件就可以降低保险费用、减轻税负等方式来鼓励居民创业。普通居民也可以利用自身的优势争取到相应的创业基金，金融机构也可以为创业者提供有利的创业方向引导，利用数字金融平台为创业者办理相应的创业手续，激励创业者科学地进行创业投资活动，也可以利用数字金融平台对创业者进行相关金融知识的培训，引导创业者合理地管理自身财务与健全自身经营机制。数字金融机构也可以将政府财政扶持基金与创业基金相融合，在创业者提交相应的贷款风险保证金后，金融机构即可以为创业者发放联保贷款，这样可以提升贷款资金的最大价值。

其次，数字金融服务应当加大自身的创新力度，数字金融机构应当结合普通居民创业的实际情况，对自身的金融产品进行创新与发展。为了满足居民创业者的多样化需求，金融机构应当积极推出符合其实际需求的金融服务产品。比如，可以设计金融组合贷款、全面贷款等多种贷款模式，以满足不同居民创业者的资金需要。在提供这些服务时，数字金融服务应秉持科学的管理模式，不断创新贷款形式，确保服务能够精准对接居民创业的实际需求。同时，数字金融机构还需要持续优化自身的业务能力和办理流程，确保服务的高效和便捷。在此基础上，风险管理的重要性不容忽视。金融机构需要加强对投资活动的风险管理，确保资金的安全和稳定。为了进一步提升服务质量，金融机构可以充分利用手机等现代通信工具，开发方便快捷的手机应用程序，使居民创业者能够随时随地、轻松便捷地获取贷款服务。此外，金融机构还应建立定期回访机制，对投资基金的安全性进行评估，并通过手机或互联网等渠道，有效指导居民的投资行为，帮助他们实现资金的合理配置和最大化利用，从而充分发挥信贷资金投资的最大价值。

（三）数字金融机构应当注重配套设施建设、人员培训与金融监管

随着大数据技术的迅猛发展，互联网已经深入人们的日常生活，金融机构也需紧跟时代步伐，持续更新技术，构建完善的数字金融服务平台，为数字金融服务的顺畅运行奠定坚实的基础。在数字金融平台的建立与完善过程中，金融机构应加强对相关工作人员的数字金融业务知识培训，确保金融服务人员能够与时俱进，适应数字金融的发展需要。这样不仅可以推进数字金融服务与平台发展水平的匹配，还能建立起高效的协作机制，使数字金融平台与数字金融服务有效结合，共同推动数字金融的科学发展。在信息化时代，尽管创业者可以利用数字金融平台享受便捷的服务，但数字金融服务过程中存在的安全隐患也不容忽视。当前，我国对数字金融平台的监管力度尚显不足，导致部分存在安全隐患的数字金融产品流入市场，这不仅打击了创业者的信心，也威胁到了金融平台的公信力。我国政府相关部门应加大对数字金融市场的监管力度，完善相关法律法规，确保数字金融市场的健康与稳定发展。

参考文献

[1] 景红芹. 就业与创业指导 [M]. 武汉：华中师范大学出版社, 2014.

[2] 梅雨霖, 梅薇薇, 芦京昌. 就业创业指导 [M]. 北京：中国轻工业出版社, 2008.

[3] 张丽, 李智永. 大学生就业与创业教程 [M]. 武汉：武汉大学出版社, 2017.

[4] 吕红波, 张周志. 数字经济：中国新机遇与战略选择 [M]. 北京：东方出版社, 2022.

[5] 王春燕, 华霞. 就业与创业指导 [M]. 南京：江苏凤凰科学技术出版社, 2018.

[6] 司琼辉. 就业与创业指导 [M]. 银川：宁夏人民出版社, 2010.

[7] 张玉波, 楼稚明. 大学生职业规划与就业创业指导 [M]. 成都：电子科技大学出版社, 2020.

[8] 郝可伟. 大学生就业创业指导 [M]. 兰州：兰州大学出版社, 2018.

[9] 郑芝鸿, 翁琳. 职业生涯规划与就业创业指导 [M]. 成都：电子科技大学出版社, 2019.

[10] 彭军, 谭军, 刘义. 大学生职业生涯发展与就业创业指导 [M]. 北京：北京理工大学出版社, 2019.

[11] 王倩. 知识经济与就业方式多元化的探讨 [J]. 现代经济信息, 2018 (16)：1-3.

[12] 刘红荣. 网络经济带来的机遇与挑战 [J]. 现代营销, 2016 (1)：9-10.

[13] 谢静. 网络经济时代的就业变迁分析及其对中国的影响 [J]. 北方经济, 2012 (2)：36-37.

[14] 杜庆昊. 数字经济对就业的影响机理与路径 [J]. 数字经济, 2022 (12)：16-21.

[15] 周玲. 数字经济为青年就业创业开拓新空间 [J]. 当代广西, 2023 (6)：

22.

[16] 常峰. 网络经济下的企业核心竞争力研究 [J]. 企业改革与管理，2015
（1）：11–12.

[17] 吕薇，田杰棠，沈恒超. 创业创新增强经济发展新活力 [J]. 科技创业月
刊，2016（14）：21–22.

[18] 赵慧娟，魏中龙. 数字经济发展对就业的影响机理及促进就业的路径研究
[J]. 创新，2021（6）：73–83.

[19] 王世波，赵金楼. 网络经济对我国国民经济发展的影响研究 [J]. 经济问
题探索，2015（5）：28–32.

[20] 尚超. 数字金融对创业高质量发展的影响 [J]. 产业创新研究，2024（1）：
1–3.

[21] 蔡跃洲，陈楠. 新技术革命下人工智能与高质量增长、高质量就业 [J].
数量经济技术经济研究，2019（5）：3–22.

[22] 王文. 数字经济时代下工业智能化促进了高质量就业吗 [J]. 经济学家，
2020（4）：89–98.

[23] 黄浩. 数字经济带来的就业挑战与应对措施 [J]. 人民论坛，2021（1）：
16–18.

[24] 纪雯雯. 数字经济与未来的工作 [J]. 中国劳动关系学院学报，2017（6）：
37–47.

[25] 李晓华. 数字经济新特征与数字经济新动能的形成机制 [J]. 改革，2019
（11）：40–51.

[26] 陈熹，徐蕾. 数字金融、创新创业与城乡居民收入增长 [J]. 农林经济管
理学报，2022（5）：537–546.

[27] 钱海章，陶云清，曹松威. 中国数字金融发展与经济增长的理论与实证
[J]. 数量经济技术经济研究，2020（6）：26–46.

[28] 赵海均. 现代发展经济学 [M]. 北京：中国经济出版社，2013.

[29] 经济增长前沿课题组. 经济增长、结构调整的累积效应与资本形成——当
前经济增长态势分析 [J]. 经济研究，2003（8）：2–5.

［30］袁富华. 中国经济现代化：模式与效率［J］. 云梦学刊，2018（3）：73－78.

［31］［英］约翰·梅纳德·凯恩斯. 就业、利息和货币通论［M］. 重译本. 高鸿业译. 北京：商务印书馆，1999.

［32］王二丹，王唯炜. 就业论（第1卷）就业理论体系与分析方法［M］. 北京：知识产权出版社，2019.

［33］丁丽芸，林可全，马军. 现代经济发展与就业规划［M］. 哈尔滨：哈尔滨出版社，2020.

［34］高子涵. 论金融发展与就业增长［J］. 中共中央党校学报，2017（1）：123－126.

［35］臧亚州. 试论我国城市社区就业存在的问题与对策［J］. 辽宁行政学院学报，2018（15）：37－39.

［36］迟云平，陈翔磊. 就业指导［M］. 广州：华南理工大学出版社，2020.

［37］于江涛，王继友，胡发伟. 就业指导［M］. 北京：北京理工大学出版社，2012.

［38］战庆举，张成勇，焦建华. 就业与创业指导（双色版）［M］. 镇江：江苏大学出版社，2018.

［39］王小玲，邢士彦. 就业与创业指导［M］. 北京：知识产权出版社，2007.